Náufragos en Ruidera

Mariano Velasco Lizcano

NÁUFRAGOS EN RUIDERA

Mariano Velasco Lizcano

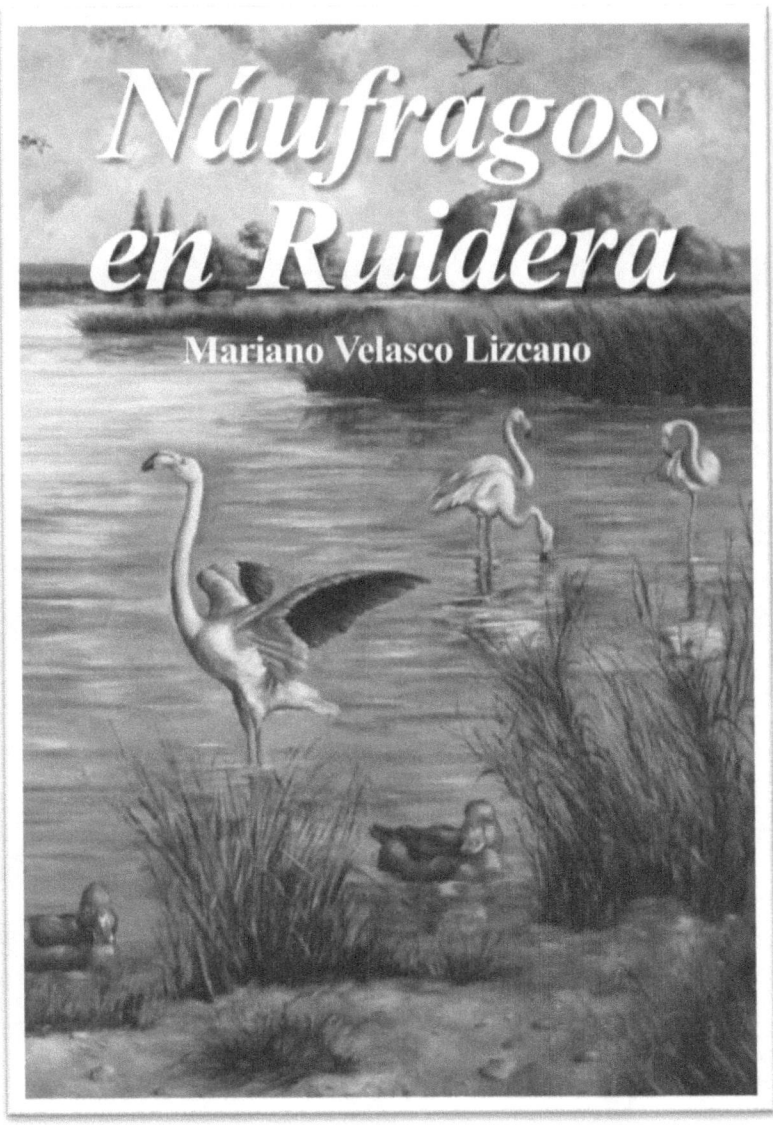

A MODO DE INTRODUCCIÓN

Cuando decidí escribir esta obra no tenía muy clara cuál era mi intención. Sabía que quería glosar la figura de una persona a la que la vida había hecho sufrir por circunstancias ajenas a ella. Porque éste hombre ha sufrido, y sigue sufriendo, por la mera cuestión de querer salvaguardar un paraje natural del impulso depredador de un "progreso" posmoderno. De ecologista le tildaron; y cual ecologista le conocí, inspirando de inmediato, en mí propio yo, casi la misma pasión que anidaba dentro de él; en su pensamiento y en lo más hondo de su corazón.

Nació Salvador Jiménez, que así se llama, en la aldea de Ruidera, al pairo de las lagunas del mismo nombre. Junto a ellas creció, y junto a ellas está decidido a morir cuando llegue su día y ocasión. Pero, mientras tanto, decidió que merecía la pena vivir sobrellevando la gran causa de defender las lagunas, su integridad y conservación. Y no ha sido tarea fácil; no.

Por eso yo quería escribir un texto que pudiera componer como una especie de homenaje a Salvador. Y quería hacerlo ahora, en vida del personaje, cuando pudiera leer lo que otras personas opinábamos del valor de su lucha sin cuartel. Pero me resultó complicado tramar adecuadamente el hilo de la cuestión.

Los problemas surgieron nada más comenzar. Porque me di cuenta de que, para poder presentar a Salvador ante los ojos del futuro lector, lo primero que tenía que hacer era situarlo en un contexto. Y esto no lo podía lograr sin abarcar mi propia trayectoria anterior: un recorrido de años en los que también habría de aparecer la semblanza de otro hombre especial: don Julio Maroto; ambos auténticos mentores de mi propia trayectoria personal. Así que, contra todo lo que me había propuesto en un primer momento, el hacer literario me llevó hasta un cruce de caminos en el que tres hombres confluyeron: don Julio Maroto, Salvador Jiménez, y un servidor; como tres náufragos en medio de ese embravecido y herido desierto que ha sido y sigue siendo la cuestión del medio ambiente en el páramo manchego. *Náufragos en Ruidera* surgió así, como el título adecuado para la cuestión.

La tarea daba para mucho y para largo. Pero no ha sido esa la cuestión. Porque en realidad, tras ver donde nos ha llevado el desarrollo de la historia, lo que verdaderamente he tratado, ha sido bosquejar, exponer en unas cortas páginas, la historia de un pensamiento y unas convicciones: que no todo progreso es verdadero "progreso"; que culpable no es solo el que realiza el mal, sino también el que lo silencia; y que, a pesar de todo, siempre vale la pena luchar. Valores en el común de unos hombres —tres náufragos— que de forma casual y casi irreverente coincidieron en ellos.

Transmitir estos valores, pues, ha sido mi verdadera intención; además, claro está, de divulgar la sucinta historia ecológica de la destrucción ambiental que se perpetró sobre los Acuíferos manchegos y sus emblemáticos espacios naturales: tablas de Daimiel y lagunas de Ruidera. También glosar la figura de esos dos hombres, Julio Maroto y Salvador Jiménez que tanto me apoyaron en la cuestión. Si al final lo he conseguido, o no, eso ya es otra cuestión.

Aquel infernal verano

AQUEL INFERNAL VERANO

No recuerdo con exactitud cuándo comenzó esta historia, pero creo que, si me esforzara por aguzar mis recuerdos, el origen quizá lo podría situar en aquel ya lejano verano de 1991, cuando una larga secuencia de años secos en la Península amenazaba gravemente las disponibilidades de recursos hídricos, no solo para la agricultura, sino también para el uso de boca de la población. Y si esto pasaba a nivel nacional, ni qué decir tiene lo que estaba ocurriendo en este enorme secarral que es el territorio manchego: se habían secado los ríos, lagunas y tablazos, los pozos de suministro descendían sus niveles de forma alarmante, y más de un centenar de poblaciones sufrían restricciones, teniendo que ser abastecidas por medio de cisternas camión: el panorama era desolador.

La situación cernía devastadora; el sol calcinaba inmisericorde los predios, y el paisaje comenzó a presentar un aspecto absolutamente ruinoso: todavía no era el desierto, pero estábamos próximos a él.

Y en medio de esta debacle, en La Mancha, tan solo resistía aún, y con muchas dificultades, un paraje natural: el conformado por el conjunto lagunar de Ruidera; un bloque de quince lagunas de las que para entonces ya se encontraban secas una tercera parte, mientras que el resto parecía agonizar. Con todo, aún conformaban como un oasis en medio de este páramo.

Recuerdo que entonces cursaba las últimas materias que debían conducirme a la obtención de mi licenciatura en Ciencias Políticas y Sociología. Y que fue precisamente esa casualidad, la que orientó mi interés hacia esa cuestión, porque en una de aquellas asignaturas era preceptivo realizar un trabajo de investigación social. Y pensé que un tema que estaba despertando tanto interés en los medios de comunicación social, y tanta polémica entre la autoridad institucional y diversos colectivos sociales, reunía el suficiente calado como para constituir el objeto de mi académica investigación.

Llegados a este punto, y mirando retrospectivamente, debo decir que para entonces nunca antes me había preocupado por la cuestión medioambiental, ni mucho menos por las secuelas derivadas de las prolongadas sequías, ni por la destrucción del patrimonio natural que más tarde descubrí. Es decir, mis intereses mundanos, en aquellos momentos, habían estado centrados en otras cuitas; y si ahora iba a acercarme a un problema ambiental lo era por una mera cuestión práctica: tenía un trabajo de investigación que realizar, y allí mismo, al alcance de mi mano, había estallado una especie de conflicto social que me ponía en bandeja un problema que analizar.

No tenía ni la menor idea de dónde me iba a meter, qué me iba a encontrar, que conclusión podría obtener, ni por donde debía comenzar. Así que, ahora, casi treinta años después, cuando miro al pasado en un intento de sintetizar, pienso que ese fue el origen de todo; el origen de esta historia que pretendo contar. Una historia que me llevó a encontrarme con aquellas "cosas" —espacios naturales— que siempre me habían rodeado y tenido a mano, pero que a cambio nunca los había sabido apreciar. Y esas "cosas" no eran otras, sino un fantástico patrimonio natural que, a fuer de ser cotidiano, me había pasado totalmente inadvertido. Porque siempre había estado allí, al alcance del capricho, hasta que un día dejó de estar: de pronto y casi en el breve lapso de una década —como un suspiro en la historia— todo aquello que me había sido consustancial desapareció como por ensalmo: los ríos fueron reduciendo su caudal poco a poco, luego se contaminaron profusamente, y después ya solo quedaron algunas charcas; hasta que por fin desaparecieron en su totalidad: ¡Aquí sí que cabía decir que se los había tragado la tierra! Aún hoy, de aquellos ríos de antaño solo nos quedan los viejos cauces; son como un desierto continuo de cardos, abrojos, basura y olvido; cada día más putrefactos, cada día más purulentos. Aún los cruzan viejos puentes; como puntos de sutura que intentaran cerrar viejas cicatrices.

Desertificado cauce del río Záncara

Pero volvamos al comienzo de esta historia, a aquel terrible verano de 1991, cuando España entera se moría de sed, y aquí, en estas lindes de la Mancha, caminábamos sobre campos yermos y soportábamos tormentas de tierra similares al simún del desierto ¡Aún tardaría algunos meses en comenzar a tomar verdadera conciencia de lo que estaba ocurriendo! Porque por aquel entonces, todavía no había despertado sobre mí ningún tipo de sensibilidad especial; solo había decidido realizar un trabajo de investigación social, y la idea de por dónde comenzar no había sido otra, sino una polémica surgida entre las autoridades locales, y el colectivo de agricultores, alimentada y atizada por los medios de comunicación.

Los regantes se habían agrupado en torno a una Comunidad de Regantes de reciente creación, y cruzaban acusaciones con las autoridades políticas sobre quiénes eran los responsables de la esquilmación del Acuífero subterráneo; de la bajada drástica de los niveles de las capas freáticas, y del deterioro y destrucción de todo el conjunto ecológico que desde tiempos inmemoriales había sido característico de esta región: más de veinticinco mil hectáreas de tierras pantanosas, tablazos y charcones; un acervo natural que por entonces se comenzó a denominar como Mancha Húmeda.

Reconozco que, en aquellos primeros momentos, y pese a haber vivido toda mi vida en estas tierras, yo jamás había oído hablar de esa "Mancha Húmeda", aunque sí había usado y disfrutado de aquella enmarañada red de ríos lentos y superficiales —Záncara, Gigüela, Azuer, Córcoles, Riansares— que constituían nuestro retiro solaz de baños y merendolas en los largos estíos del infierno manchego. También las lagunas, especialmente las de Villafranca de los Caballeros, que por su proximidad constituían poco menos que la playa de los manchegos del campo de San Juan; mientras que las otras, las de Ruidera, por su relativa lejanía y dadas las muchas dificultades de la época, tanto por escasez de recursos económicos, como de medios de locomoción, nos eran mucho más ajenas y difíciles de alcanzar.

Luego comenzó a llegar la modernidad; las gentes empezaron a emigrar a la ciudad, y los que nos tuvimos que quedar, comenzamos a gozar de un superior nivel. Llegaron los primeros utilitarios, y con ellos, la ilusión del veraneo en el litoral ocupó nuestros anhelos. De este modo volvimos la espalda a aquellos ríos y lagunas que nos habían sido parte consustancial, para fijar nuestros deseos en las playas levantinas. Así que cuando desaparecieron de nuestro medio, a nadie nos importó, porque, al fin, para nada nos servían. Eso, en lo que se refería a aquellas aguas "buenas" de las que usábamos, porque de las "malas", las que se concentraban en los lagunazos de los extrarradios, aquellas que habíamos convertido en vertederos, estercoleros, muladares y demás; fuentes de olores ponzoñosos, criaderos de mosquitos que acosaban los pueblos; el día que los Ayuntamientos decidieron drenarlas y desecarlas como medidas necesarias de saneamiento, todos alabamos la decisión: al final, eso era el progreso.

Así qué, allí estábamos; éste era el punto de partida, aunque yo en realidad no supiera ni por donde comenzar. De modo que decidí, que lo mejor sería

Vegas del Záncara: de humedal a erial

tratar de conseguir la opinión de aquellas personas que más se estaban significando en ese conflicto institucional entre regantes y autoridades: redacté una lista de líderes y personas influyentes, tomé la guía telefónica, y a través de una ronde de llamadas conseguí las primeras citaciones ¡Ya tenía por dónde comenzar!

Antiguo molino de agua en el río Gigüela

LOS POLÍTICOS

Inicié las entrevistas con aquellos elementos que previamente había designado como sujetos "clave" en mi investigación; en general, políticos con cargos institucionales, líderes de organizaciones políticas o sindicales, y también con aquellos otros que, por la causa que fuera, eran objeto de atención por parte de los medios de comunicación; en general, cabezas visibles de las organizaciones agrarias y algún que otro ecologista que podía aparecer de vez en cuando enarbolando alguna opinión en unos u otros medios de comunicación.

Debo reconocer que, al rememorar estos recuerdos, mi mente recupera aquellos agrios momentos de las largas horas de espera en las antesalas de despachos de mediocres y tristes políticos, gentes, casi siempre, embebidos de la soberbia de considerarse "algo" gracias al cargo o a la posición que ostentaban. Solían ser personajillos de bajo nivel cultural, y más bajo aún nivel intelectual, con el único logro de saber medrar en sus organizaciones hasta conseguir situarse en puestos de privilegio de las listas electorales. En otras ocasiones, las esperas provenían de líderes agrarios pusilánimes y temerosos, que tomaban mil precauciones antes de concertar una cita: "¿Para qué quiere entrevistarme? ¿Va a grabar esta conversación? ¡Esta es solo mi opinión, no la de la organización!"; y otras lindezas por el estilo, y que cuando al fin conseguía hablar con alguno de ellos, su tono de voz era tan bajito que parecía como querer con ello justificar el "atrevimiento" de su opinión. Pero, en fin, aquello fueron cosas que pasaron, que hoy, tanto tiempo después, solo me hacen sonreír con ironía.

En resumen, y para evitar perderme en el hilo argumental de esta historia, lo que cabría decir es que con aquel tropel de conversaciones y entrevistas deslavazadas y poco profesionales que realicé, lo que vine a "descubrir" fue que, durante la década anterior, en este territorio que denominamos La Mancha, se había producido un cambio de modelo agrario que, en lo fundamental, venía a sustituir los tradicionales cultivos de secano, por cultivos extensivos de regadío a partir de aguas subterráneas. Es decir, que se había implementado un cambio de paradigma —la revolución verde—, pero que dicho modelo, apenas una década después, presentaba claros síntomas de agotamiento e insostenibilidad. Y que estos síntomas, en lo esencial, podrían sintetizarse en dos: el descenso sistemático de las capas freáticas, con la amenaza cierta de una futura falta de suministro para la población; y la evidente y consecuente destrucción ecológica del patrimonio natural ancestral de la región.

¡Sí!, aquello fue lo que vine a sacar en claro de aquel tropel de entrevistas. Lo cual no estaba mal, desde luego, si no fuera porque en aquel entonces yo no conocía; ni cuál era o había de ser el patrimonio natural ancestral de la Mancha, ni mucho menos qué podía suponer el descenso sistemático de las capas freáticas. Y por no conocer, ni tan siquiera conocía de dónde procedían esas aguas subterráneas que al parecer siempre nos habían surtido, y que sin embargo ahora amenazaban con desaparecer.

Concurría por entonces otra circunstancia personal que, aun siendo tangencial al hecho de esta historia, animó, y mucho, a su concreción: desde hacía algún tiempo, y animado por un poderoso deseo, yo había comenzado a escribir, animándome incluso a publicar algunos artículos de opinión en la prensa comarcal. Pero como esta medrosa participación se me venía quedando corta —yo aspiraba a ser escritor—, andaba enredado a la búsqueda de temas más importantes que tratar, asuntos que me permitieran fijar un referente literario sobre el que investigar y crear.

La casualidad quiso que Círculo de Lectores convocara un concurso de narraciones breves, con el tema monográfico de la naturaleza, para autores nóveles. Y pensé que la ocasión la pintaban calva: si conseguía escribir una narración lo suficientemente buena como para que "colara" en el concurso ¡Bien, dos pájaros de un tiro!; habría aprovechado el trabajo iniciado y me habría posicionado en aquella ilusión de convertirme en escritor. Porque para ello tendría que investigar... ¿¡Investigar!?... ¡Y no era eso, precisamente, lo que tenía que hacer para mi trabajo en la Facultad!...

Me encontré así con un doble camino; o, mejor dicho, con una doble proyección de aquello que ya había iniciado: por un lado, un trabajo que consistía en querer averiguar qué diablos nos estaba ocurriendo en este trocito del solar nacional, un asunto que había motivado todo un posicionamiento político y social, con manifestaciones públicas en las calles, y una escalada de crispación en los diferentes medios de comunicación, desconocida hasta aquel entonces en la región. Por otro lado, ahora sabía lo que podía hacer con aquello que lograra averiguar: y esto no era otra cosa sino escribir: escribir tanto para participar en el concurso de Círculo de Lectores, como escribir para divulgar.

Así que, de este modo, y sin haberlo meditado mucho, había tomado la decisión de preocuparme por la naturaleza. Si bien, por una naturaleza muy concreta, cuál era la que rodeaba al territorio de la Mancha ¿Le interesaría a alguien ésta cuestión?

Aún hoy, con la distancia que permite el tiempo, pienso que esa debió ser la pregunta principal que debí formularme entonces, y que realmente no me formulé. Y quizá sea por eso que sigo haciéndolo ahora, después de tantos años y tanto escribir sobre el tema —artículos, ponencias, ensayos; una tesis doctoral, varios libros de divulgación— para al final, tan solo concluir en que puede que todo esto no haya interesado a mucha gente, que no descubriera ningún "nicho" de oportunidad literaria, pero que, sin embargo, el asunto tenía y todavía tiene una gran importancia regional, constituye un campo innato para la investigación científica y social, y a mí, personalmente, me ofreció una gran causa por la que valía la pena luchar ¡Nunca pude imaginarme que me daría tanto!

Comencé a escribir un diario con el fin de ir reflejando en el mismo mis avances y anécdotas. Páginas que ahora, al releerlas, me sorprenden por la ingenuidad con que viví aquellos iniciales momentos; tanto, que no me resisto a reescribir —si bien matizando con mis comentarios— algunos de sus párrafos...

Martes, 6 de agosto de 1991

Hoy he realizado mi primera salida al campo en un intento de tomar contacto con esa realidad que pretendo estudiar. Es cierto que aquello que he visto no es nada nuevo, que lo había visto antes hasta la saciedad. Pero lo que sí ha supuesto algo novedoso para mí, ha sido mi nueva forma de observar. Porque por primera vez me he hecho preguntas ante la visión de ese inmenso páramo desolador…

Fue aquella visión de los cauces de los viejos ríos desecados, la que me obligó a preguntarme qué estaba ocurriendo. Porque allí, donde tantas veces me había bañado, ahora tan solo observaba un desierto continuo lleno de cardos y abrojos: ¿era consecuencia del calor; del inmenso fuego del estío manchego?…

¡No!, esto no era algo nuevo; en esta tierra los veranos siempre habían sido así, y nunca nos había faltado un río, una laguna, una charca donde podernos bañar ¿por qué ahora sí?

Comencé a leer todo lo que caía en mis manos. Entre otras cosas los informes, más oficiosos que oficiales, que emanaban de funcionarios públicos, concejalías, sindicatos agrarios y organizaciones ecologistas. Y así fue como me encontré de lleno con el entonces denominado, Acuífero 23; una masa de agua subterránea de enorme magnitud, responsable directa del sistema ecológico manchego; un sistema, recordemos, que en esos momentos "hacía agua" por doquier.

Reconozco que entonces no tenía ni idea de qué era un Acuífero, y mucho menos, para qué diablos servía. Aunque, luego, algunos meses después, llegaría a conocerlo hasta el extremo de llegar a conformar con su problemática el objeto de mi propia tesis doctoral.

Llegados a este punto, creo conveniente, antes de continuar con el hilo conductor, dejar claro al hipotético lector a qué me estoy refiriendo cuando hablo del Acuífero 23, un término que habrá de surgir reiteradamente a lo largo de toda esta narración.

El Acuífero 23 está formado por una masa de roca caliza que ocupa una superficie de unos cinco mil quinientos kilómetros cuadrados. Está ubicada casi en su totalidad en la provincia de Ciudad Real, aunque también ocupa partes aledañas de las provincias de Albacete y Cuenca. Sobre su superficie se sitúan un total de treinta y un municipios, que agrupan una población cercana a los trescientos mil habitantes. Y esta inmensa "esponja", pudo albergar en su seno una colosal reserva subterránea, cifrada en un total de unos once mil quinientos hectómetros cúbicos de agua. Lo que permitió, al Instituto Geológico y Minero, calificarlo como uno de los Acuíferos más importantes de España.

Fue, por tanto, el Acuífero 23, el que desde tiempo inmemorial permitió que los ríos que discurrían por su superficie atravesaran la Mancha —la mayor planicie de toda España— sin que llegaran a detenerse ni a secarse durante los estíos; que en los puntos de rebose se formaran enormes lagunas y charcones, y que las poblaciones pudieran abastecerse de él, sin que todo ello fuera capaz de llegarlo a mermar. Esto es, este Acuífero, durante milenios, recibía unas aportaciones de aguas muy superiores a las extracciones que se hacían de él, por lo que todo su exceso era drenado de forma natural dando lugar a esas más de veinticinco mil hectáreas de zonas húmedas que conformaron el patrimonio natural del que venimos hablando; un patrimonio que desde mediados de los años 80 del pasado siglo había comenzado a desaparecer.

Bien, pues éstas fueron las primeras conclusiones que pude obtener derivadas de esas entrevistas que realizara a políticos y otras especies de "charlatanes" públicos. Así que ya tenía claro cuál era el problema a investigar, y qué tenía que hacer con los resultados de esa investigación. Así que la cosa parecía que funcionaba bien; todo se reducía a seguir avanzando unos pasitos más.

Detalle del óleo de portada (Antonio Muñoz García-Baquero)

Detalle del óleo de portada (Antonio Muñoz García-Baquero)

PATEAR LOS CAMPOS

Comencé a realizar muchas salidas al campo; "pateaba" los parajes realizando enormes caminatas, siempre con la cámara fotográfica colgada al cuello, para comprobar *in situ* cuál era la auténtica situación. A veces me acompañaba mi buen amigo, Jesús Serrano. Entonces las marchas se prolongaban por encima de las ocho o diez horas, con el resultado de un palizón físico que nos hacía regresar a casa destrozados, con los pies llenos de ampollas y unos dolores musculares casi paralizantes. Un esfuerzo para el que dudosamente estaba preparado, pero que, a fuer de ser sincero, creo que mereció la pena.

Luego, tras una larga ducha y un breve descanso, comenzaba la ardua tarea de ampliar las notas que había tomado, rellenar las correspondientes páginas del diario, y posteriormente, cuando ya comencé a disponer de los primeros revelados, cotejar las fotografías con las notas y proceder a su archivo y clasificación.

Otra tarea que también me ocupaba gran parte de tiempo era el seguimiento diario de la prensa, no solo para estar informado y seguir la situación, sino también para conformar una hemeroteca de la que luego, con el paso del tiempo, pudiera disponer. En conjunto, un esfuerzo tan laborioso como positivo y enriquecedor; un trabajo que casi sin darme cuenta me comenzó a cambiar.

Ciertamente; todas aquellas cosas que iba descubriendo —posicionamientos políticos, opiniones, destrucción ecológica— empezaron a conformar dentro de mí como un acervo de nuevas ideas y sentimientos. De pronto pude darme cuenta de que no todo lo que veía u oía, me gustaba ni agradaba. Es más, en poco tiempo, descubrí que el único discurso que llegaba a entusiasmarme era el de los ecologistas, mientras que el de los políticos llegué a aborrecerlo, por su hipocresía y falta de sinceridad; y el de los regantes poco más o menos, pero en este caso, por su egoísmo y defensa a ultranza de su lucro personal.

Lo que ocurría, también, es que la voz "ecologista", en esos momentos, era tan minoritaria que se reducía al clamor de un solo hombre en medio de este laberinto de posicionamientos pasionales y enfrentados; un viejo maestro jubilado que escribía unos artículos inflamados de amor pasional por su tierra, y que clamaba al universo entero por la catástrofe ecológica que estábamos viviendo, sin que al parecer hubiera nadie con la suficiente sensatez como para ponerle término.

Firmaba sus artículos con el nombre de Julio Maroto, y por aquel entonces, cuando yo le descubrí, tan solo le publicaban, *Canfali*, el semanario local, y más rara vez *Lanza*, el diario provincial.

Don Julio Maroto era un hombre que gozaba de reconocido prestigio en el mundo de la enseñanza. Había ejercido durante una gran parte de su vida como maestro rural en la pedanía de Alameda de Cervera, para terminar sus últimos años como docente en la población de Alcázar de San Juan. Dotado de un talento excepcional, inquietudes sociales elevadas, y una formación humanista bien consolidada, divulgó tal tarea docente y social, que mereció los más importantes premios a su labor —entre ellos la medalla de Alfonso X el Sabio—, y ello gracias a su buen hacer en una perdida aldea manchega con apenas doscientos vecinos. En fin, una persona verdaderamente excepcional.

Y ahora, cuando ya había pasado más de una década desde su jubilación, todavía le sobraban agallas para coger una pluma y ponerse a "despotricar", poniendo a parir a tanto político y demás aprovechados, levantando la voz por toda esa naturaleza silenciosa que estaba viendo fenecer. Y no se salvaba de su crítica el resto de la sociedad, ese conjunto "borreguil" que permitía con su pasividad que estas cosas ocurrieran sin que provocaran ningún tipo de reacción.

Así que pronto tuve claro cuáles eran los siguientes pasos que tenía que dar: el primero, sin lugar a dudas, contactar con este hombre y mantener con él una larga conversación.

Creo, con el objeto de ser fiel a esta historia, que debo indicar que salvo por los artículos que de él leía, y por la fama de buen docente que tenía, yo de nada más conocía a este hombre. Lo había visto de lejos alguna vez mientras realizaba sus paseos matutinos de jubilado activo. Pero jamás había cruzado una sola palabra con él. Así que no tenía ni la menor idea de cómo hacer para que me recibiera con el objetivo de entrevistarme con él. Aunque la cosa al final pudo arreglarse, porque al fin, vivíamos en un pueblo, y en un pueblo todo se sabe.

Coincidió con el hecho de que yo había comenzado a escribir y publicar, precisamente, en *Canfali*, el semanario local del que él era habitual colaborador; una serie de artículos que agrupé bajo la denominación de "Hablemos del Acuífero 23". En ellos iba divulgando las diferentes conclusiones y ocurrencias que me suscitaban los diferentes derroteros de mi inicial investigación. Y resultó que, don Julio Maroto, se hizo fiel seguidor de su lectura, e incluso llegó a interesarse en la redacción por el autor de esas opiniones. De modo que cuando me facilitaron su teléfono y le llamé, todo resulto lógico y natural.

Laguna del camino de Villafranca; aguas mal depuradas que aumentaban la eutrofización

Laguna del camino de Villafranca. Alcázar de San Juan.

Molino de agua en el caz del río Gigüela

DON JULIO MAROTO

Con don Julio Maroto quedé citado para uno de aquellos días, tras la obligada hora de la siesta. De modo que la fecha señalada, a las seis de la tarde, con una libreta de notas, un bolígrafo, y muchas dudas, llamé a la puerta de la casa del viejo profesor. Y así fue como le conocí. Me refiero al hecho de conocerle personalmente, porque como ya he anticipado, su trayectoria y pensamiento, yo venía siguiéndolo desde unos meses atrás, siempre a través de aquellos inflamados artículos de contenido monotemático que habían convertido la destrucción ecológica que estaba acaeciendo sobre los ríos y humedales manchegos en su norte vocacional.

Sábado, 10 de agosto de 1991

Comenzó a hablar sin necesidad de que yo le preguntara nada. Y lo hizo tal cual viene haciendo en sus escritos, con un sentimiento y una vehemencia inconmensurables. Era desgarrador escucharle; como un sollozo surgiendo del alma: Alameda de Cervera; Canal del Gran Prior; Poza de Villacentenos; Puente Bermeja, río Záncara; como espinas clavadas en su corazón.

Habló y habló don Julio Maroto durante toda la tarde hasta que las luces del ocaso pudieron advertirnos de que era la hora de poner un final. Recuerdo que fue entonces, cuando ya me disponía a marcharme, cuando el maestro me habló de la necesidad del relevo; de la importancia de involucrar a jóvenes con la capacidad de "tirar". Lo hizo mientras tomaba un libro de su biblioteca y me lo entregaba arrobado por una profunda emoción: "¡Cuídalo, es una reliquia!" —me dijo hondamente emocionado—. Lo tomé; miré su título: "Por tierras de La Mancha"; su autor, Víctor de la Serna.

*Portada del monográfico
dedicado a don Julio Maroto*

No lo conocía, ni al libro ni al autor. Sentí entonces algo parecido a la vergüenza ¡Cuántas cosas ignoraba; cuántas cosas tenía que aprender!

Tras la primera visita a don Julio, decidí seguir ahondando en la exploración que iniciara días atrás sobre los cauces de nuestros ríos. La ruta elegida habría de llevarme, primero hasta el río Záncara, y algo después al río Viejo y Canal del Gran Prior. Recuerdo que decidí llevarme conmigo a mi hijo; tenía tan solo nueve años, pero pensé entonces que sería bueno que él también fuera tomando conciencia de cómo estaba la situación.

Eran los comienzos del mes de agosto; y en ese mes el sol, cual bola de fuego, abrasa y calcina los predios de la Mancha. Corría el sudor por nuestras frentes, salinas gotas que caían hasta los ojos haciéndonos parpadear con su escozor; las camisetas empapadas. Descendimos hasta la vieja madre del río: un estercolero lleno de cardos borriqueros. "Aquí me bañaba yo cuando tenía tu edad" —le dije a mi pequeño—. "También fue donde aprendí a pescar capturando mis primeros lucios". Él me miró, y puso cara de no entender. Tan solo supo decirme: "Papá, huele mal y hace mucho calor ¡Vámonos!".

Cuando regresábamos, junto al río, quedaban las ruinas de aquella vieja majada, con su alberca y su molineta, las viejas candelas desvencijadas; y recordé aquellos tiempos de pastores y vaqueros refugiados al amor de la lumbre; aquellos otoñales temporales que hacían crecer los ríos e inundar las vegas ¡Parecía haber pasado tanto tiempo! Sentí añoranza; y también algo así como culpa, aunque en realidad no sabía por qué.

Comencé a leer "Por tierras de La Mancha", y con la lectura de aquellas páginas, yo comencé a nacer. Quiero decir que yo comencé a nacer al conocimiento de la Mancha; mi tierra; mi hogar; esa madre naturaleza que toda mi vida me había abrazado, y que yo, como un mal hijo, solo había sabido despreciar. Por su miseria y dureza; por aquellos gélidos inviernos en que los chiquillos nos sonábamos las narices con los dedos tiritando entre las esquinas del pueblo, mientras que en los veranos caíamos febriles asaeteados por las picaduras de mosquitos y al borde de la insolación ¡Cuánta miseria! ¡Cuánto penaron aquellos hombres con sus mulas y carros! Luego, bien mediados los años 60, comenzaron a instalar el alcantarillado, y luego drenaron hasta desecar las lagunas aledañas como modo de acabar con las plagas de mosquitos ¡Bien hecho estaba! —nos decíamos—. Canalizaron las aguas fecales enviándolas a los ríos próximos, y en ellos volcaron toda la mierda; para que se la llevaran. Se contaminaron de forma inmediata, claro está, pero no sentimos su pérdida, quizá porque todavía nos quedaban alguna lagunas o parajes en los que retozar. O quizá ni eso; simplemente no amábamos esa naturaleza que tan dura y hostil se había mostrado siempre con nosotros ¡No sé! Lo cierto es que de todo aquello nadie pareció darse cuenta. Nadie, excepto don Julio Maroto.

Es llegado el momento, por tanto, de que estas páginas acojan con amor y agradecimiento la figura de este prócer, de ese hombre, que aún, ya muy entrado en años, supo despertar en mí toda esa vocación "ecologista" que durante tantos años ha constituido el norte de mi vida y mi vocación. Sin la existencia y el hacer de don Julio Maroto, yo no habría tomado los derroteros que tomé, para bien o para mal. Así que puedo asegurar que fue un hombre que influyó sobre instituciones y personas, y que por eso mismo recibió muy pocos aplausos y agradecimientos, pero en cambio sí que recibió mucha inquina y animadversión. Es decir, con él se cumplió lo que en este país suele suceder con toda persona de valía: que lo despreciaron mientras vivía, para glorificarlo después, cuando ya llevaba años criando malvas en el cementerio.

Para don Julio Maroto la historia comenzó en el verano de 1973. Aquel año, el río Záncara, apareció contaminado por primera vez, mientras los montes de la zona, perlados de vegetación mediterránea y frondosos encinares, comenzaron a talarse con el objetivo de reconvertir esas tierras para el uso intensivo de la agricultura de regadío. Ello le llevó a escribir desaforadamente en contra de esta situación.

Pero si puedo a afirmar que la historia "ecologista" de don Julio Maroto, dataría su comienzo allá en los albores de los años 70 del pasado siglo, también debería señalar que éste no hubiera sido posible sin aquella trayectoria docente que durante dieciocho años le confinó en una aldea manchega —Alameda de Cervera— en la que necesariamente convivió plenamente con la naturaleza.

Allí comulgó con su río, con su alameda, sus huertas, con la caza y la pesca de subsistencia: "Cuántas veces —me decía— aquellos labriegos podían acompañar sus judías con las liebres que regalaba a sus muchachos".

Así, pues, fue cazador. Pero lo fue animado por el deseo de paliar tanta necesidad —en la aldea prácticamente nadie podía permitirse tener una escopeta—. Igualmente fue pescador, pero nunca por deporte o diversión, sino animado siempre por un altruista deseo de ayuda y colaboración.

Por contrario, con el paso del tiempo, estas actividades constituirían un hándicap en su hacer ecologista; armas arrojadizas que utilizarían sus detractores para arrojarlas sobre él. Pero jamás negaría, don Julio, su pasado: "Era pura necesidad; aquellos chiquillos tenían que mejorar su dieta y comer carne alguna vez".

Se enamoró de la naturaleza como se enamoró de la pedagogía. Eran años de hambre y carestía; y era la naturaleza la que permitía, en múltiples ocasiones, que "sus chicos", como él les llamaba, pudieran comer: ¿Cómo no iba a amarla, si tan generosa se mostraba? No hacía falta ninguna otra razón para defender su buen estado y conservación.

A comienzos de los años 60, don Julio Maroto saldría de la pedanía para trasladarse a ejercer la docencia en una mayor población: Alcázar de San Juan. Aquí viviría los años de mayor plenitud y madurez, pero manteniendo siempre el campo como referencia, tanto en la comunicación con sus hijos, como con sus alumnos. Sería la naturaleza el escenario y referente adecuado desde el que transmitir aquellos valores que se forjaron años atrás, en una desconocida y humilde aldea. En el campo él encontró el sosiego y la calma que posibilitarían el mejor encuentro consigo mismo. Y de entre toda esa naturaleza y paz, el río Záncara como eje vertebrador de sus conceptos y convicciones: crecido y bravo en los inviernos; cálido y acogedor en los veranos; aguas limpias con abundante pesca.

Con la década de los 70, las cosas comenzarían a cambiar. Fue el inicio de la destrucción de ríos y humedales; los unos contaminados, los otros desecados. Era el inicio de la modernidad y el progreso; un progreso que para la Mancha se consideró en base a lograr la transformación de la agricultura tradicional por la de regadío sustentado en las aguas subterráneas. La "Revolución verde" debería ser el nuevo paradigma de la economía manchega.

En 1973, el río Záncara se contaminó. Y esto fue un mazazo difícil de asimilar para el viejo maestro. Por primera vez, aquello que conformaba los pilares de su código ético y de su visión del mundo, habían sido atacados en pleno corazón. Y lo habían sido con una virulencia desmesurada. Ante ello no podía hacer otra cosa que reaccionar: lo primero dirigir sus quejas a las instituciones —Comisaría de aguas; Guardería fluvial—. Posteriormente, falto de respuestas y asqueado por la inacción, publicaría lo que serían sus primeros artículos de opinión a través de *Lanza*, el diario provincial.

Fue así como surgieron esas iniciales colaboraciones: pasionales, escritas con el corazón más que con la razón. Con ellas abriría un camino, que, como *El camino,* de Delibes, tomaría en la defensa, conservación y apología de la naturaleza, su sentido esencial. Poco cuidados en principio, pues lo único que don Julio Maroto pretendía era llamar la atención, y conseguir con sus denuncias romper la apatía administrativa que estaba tolerando que los ríos manchegos dejaran de ser corrientes de aguas cristalinas, para pasar a convertirse en meros colectores de aguas fecales y vertidos sin depuración: "El Záncara pide justicia" "Con o sin" "El Záncara otra vez"; clamor continuo y pasional, como si fuera un desgarro del alma.

Lo que el "maestro" no podía imaginar por aquel entonces, es que con su individual actuación él se estaba posicionando de lleno en una corriente de pensamiento que desde hacía muy poco tiempo se había venido a instalar en la avanzada conciencia del mundo occidental. Se trataba del medioambientalismo, y sus iniciativas e ideas habían comenzado a dimanar desde el llamado "Club de Roma". Unas ideas que pronto comenzaron a arrastrar a una pléyade de pensadores, científicos, técnicos y políticos, consiguiendo que se organizaran las dos primeras conferencias internacionales sobre la cuestión medioambiental: la de la UNESCO, en Paris (1962); y la de Naciones Unidas, en Estocolmo (1972).

Así, pues, el medioambientalismo, como idea política y programa de acción, había tenido su nacimiento desde las más altas cimas del poder y del conocimiento, tan solo unos años antes. Y en la Mancha, en un auténtico páramo social y humano, un hombre en solitario, con el solo bagaje de su intuición y la fidelidad a sus sentimientos, había entrado de lleno en una nueva vía que nadie le había explicado, que apenas se había difundido en la atrasada España dictatorial del momento, y que sin embargo él supo imaginar como fruto del amor por su tierra y de la lógica racional.

Que, don Julio Maroto, fue un adelantado en su tierra, de eso no cabe la menor duda. Que lo fue también sin conocer el oficio, pero con vocación, eso es otra gran verdad. Una clarividencia que le permitió adelantarse una década a todo el movimiento ecologista que surgiría después. Una actividad más, dentro de su polifacético hacer, del que yo tuve la suerte de ser testigo directo, alumno privilegiado y fiel seguidor.

Lo que entonces no podía imaginar es que después compartiríamos múltiples momentos en esa especie de "cruzada" medioambiental que juntos emprendimos creando la Asociación Ecologista para la Defensa del Acuífero 23 (AEDA 23). Pero esto sucedió después. Y no conviene que nos precipitemos en el desarrollo de esta historia...

Como el simún del desierto en la Mancha

Portada libro "Diario de un ecologista"

LEER PARA COMPRENDER

Portada libro "Por tierras de la Mancha"

Seguía con la lectura de **Por tierras de la Mancha**, el libro que me dejara don Julio Maroto. Comencé a adentrarme en sus páginas, y poco a poco, con lentitud y apatía, primero; con interés después; y con arrobo y pasión, al final, pude comprender que también la Mancha podía ser escrita y descrita; que encerraba interés y belleza, y que esta tierra era mucho más que el contexto de actuación del caballero *Don Quijote*. A través de la pluma de Víctor de la Serna, pude recorrer los campos y pueblos manchegos: campos de Calatrava y Montiel; Valle de Alcudia; Tomelloso, Campo de Criptana, Villanueva de los Infantes, Torre de Juan Abad… Pero sobre todo pude encontrarme con el medio natural manchego, ese que siempre había menospreciado:

"Si yo empezara esta crónica asegurando seriamente que el Guadiana tiene los ojos verdes, se armaría entre mis amigos y entre mis lectores un verdadero escándalo, a pesar de que el Guadiana tenga los ojos verdes, efectivamente. Pero hay cosas que solo las pueden escribir unos individuos de un grupo especial, al que uno no pertenece.

Así glosaba don Víctor de la Serna los "Ojos del Guadiana", aquel paraje natural sito en el término municipal de Villarrubia de los Ojos, en donde decía la tradición pedagógica escolar que renacía el río Guadiana después de un recorrido subterráneo de más de siete leguas. Un dicho con el que no todo el mundo está de acuerdo, pues para los últimos enfoques científicos, el Guadiana no nace en Ruidera, porque las lagunas de Ruidera no son otra cosa más que las aguas del río Pinilla represadas por una secuencia escalonada de barreras tobáceas. Pero, en fin, lo cierto es que pensar que el Guadiana podía renacer en sus "Ojos" es algo que tiene una especie de romántico encanto muy sugestivo y especial.

Pero para cuando yo leía estas páginas, los Ojos del Guadiana solo eran un recuerdo en el magín de los manchegos. Porque la realidad era que desde hacía más de un lustro habían dejado de existir... ¡Y qué! ¿Acaso nos importó? Habíamos visto años atrás como los telediarios de la Primera cadena de Televisión, emitían imágenes del parque nacional de las Tablas de Daimiel ardiendo. Unos incendios espontáneos surgidos por la autocombustión de las turbas, que poco o nada nos decían, porque en realidad los manchegos, ni conocíamos los Ojos, ni conocíamos las Tablas, ni conocíamos nada de ese medio ambiente tan peculiar y especial que era el que configuraba La Mancha Húmeda. Así que ¿¡Cómo lo íbamos a extrañar!?

Pero no solo leía estos textos bucólicos y pasionales, también seguía leyendo con avidez todas las noticias que traía la prensa relacionadas con esa problemática situación que había desembocado en un conflicto entre instituciones y regantes; eso, además de todo tipo de estudios, informes y bibliografía especializada de la que me había hecho un ávido lector. Y así iba conociendo cada vez más esa "cosa" que llamaban Acuífero 23, y las secuelas que su sobreexplotación arrastraba.

¡Leer! Qué importancia encierra este concepto en la vida: a través de las lecturas uno puede avanzar, conocer el trabajo de científicos y expertos, analizar sus experiencias aprendiendo de su talento, y a través de la lectura uno puede hasta llegar a escribir. ¡Sí!; creo firmemente que yo llegué a escribir porque al final aprendí a leer ¡A leer bien, me refiero!

Por eso nunca me cansaré de glosar la importancia de la lectura. Para leer siempre es necesario encontrar razones. Pero la principal será siempre el puro placer; ese comienzo de un camino ascendente en el que uno puede ir descubriendo su propia motivación, cuando no su propio escondite particular; su limitado refugio de lucidez. Gracias a todas esas lecturas pude analizar las cosas: elaboré una opinión, me preparé para los cambios, y por fin fui capaz de actuar. Denunciando, educando, escribiendo, que era la cosa del mundo que más deseaba hacer.

Descubrí, por tanto, que detrás de cada problema ecológico, siempre existirá un interés político o económico, cuando no los dos. Y que serán esos intereses espurios los verdaderos responsables de la situación. Y que luchar contra ellos suele ser una tarea imposible, donde nunca es factible la victoria de un "David" contra el gigante "Goliat". Pese a todo ello comencé a escribir. Inicié una serie de artículos que fui publicando en forma de entregas bajo la saga que denominé "Hablemos del Acuífero 23". Intentaba con ello apoyar la tarea que don Julio Maroto continuaba insistente. Pero la realidad era tozuda: a nadie parecía importar todo ello; como clamar en el desierto eran nuestras reiterativas comunicaciones... ¿Qué hacer? ¿Por dónde debía continuar?

Puente del rey en el Canal del Gran Prior

51

El Guadiana en su esplendor por tierras extremeñas

LOS "NÚMEROS" DEL ACUÍFERO 23

Seguía recabando información, así que al cabo de leer y releer lo que ya suponía cantidades ingentes de documentación, los "números" comenzaron a tomar poso en mi cabeza, y de esta manera llegué a tomar una clara conciencia de lo que empecé a denominar como las "matemáticas" del Acuífero 23. Esto es, que el Acuífero en cuestión venía a tener una recarga media interanual de unos trescientos cuarenta hectómetros cúbicos, frente a unas salidas que se cuantificaban en seiscientos; lo que conllevaba un déficit anual de unos doscientos sesenta hectómetros cúbicos anuales. Y este desfase, mantenido durante las últimas décadas, podía suponer que el "embalse" subterráneo se habría vaciado en unas cantidades que podían oscilar entre los dos mil quinientos y tres mil seiscientos hectómetros cúbicos; una cantidad de agua colosal capaz de abastecer a todas las poblaciones, incluidos sus términos municipales, que se situaban sobre el Acuífero, durante un periodo de ciento cincuenta años, aproximadamente.

Así que a esto es a lo que se referían los medios de comunicación cuando hablaban de la sobreexplotación del Acuífero: un exceso de extracciones que había conllevado una destrucción ecológica sin precedentes en el medio natural consustancial al paisaje manchego.

Y allí estaban algunos hombres —pocos, esa es la verdad— que, como don Julio Maroto, se habían hecho "ecologistas" a la fuerza con el fin de intentar frenar, primero, recuperar después, tamaña destrucción.

Creo que debió ser por entonces cuando comenzó a germinar mi pasión ecologista. Había oído los diferentes discursos de políticos y regantes, sin que fuera capaz de discernir en ellos algún atisbo de intento de entendimiento entre los dos. Y frente a ellos, el clamor de unas voces solitarias y el sonoro silencio de la tierra herida: ¡Algo habría que hacer! —pensé.

Así que decidí que yo también alzaría la voz en defensa de esa tierra herida. Porque había "descubierto" los efectos de ese progreso incontrolado y salvaje, y no me gustaban. Había salido al campo, me había desplazado hasta aquellos ríos que con sus aguas acunaron mi infancia, tan solo para encontrar cauces secos llenos de abrojos y basuras. Y eso no era más que el principio, porque seguro que había más. Y eso era lo que yo me dispuse a conocer: a conocer, y a defender. De modo que resultó una cosa natural que en mi magín comenzara a tomar forma la idea de dar vida a una asociación de tinte ecologista que sirviera para agrupar a todas aquellas personas que se encontraran preocupadas por la situación.

Viernes, 20 de marzo de 1992

Llevo varios días solo para averiguar cuáles son los trámites necesarios para la inscripción de la Asociación Ecologista para la Defensa del Acuífero 23 (AEDA 23) en el Registro de Asociaciones del Gobierno Civil, y parece ser que al fin he conseguido tener claro todo lo que debo hacer.

Así escribía en mi diario por aquel entonces los primeros avatares de lo que luego sería un periplo de casi treinta años de activismo en el mundo ecologista. Apenas unos meses después pude ver convertida en realidad esa ilusión.

Domingo, 28 de junio de 1992

Pues sí, AEDA 23 ya es una realidad. Nos reunimos en asamblea constituyente un pequeño grupo de amigos y familiares... La asistencia fue minoritaria —quince miembros fundadores—, pero esto era algo que yo esperaba y que por tanto no me impresionó... El elenco de edades configuraba un abanico que se extendía desde los infantiles once años de mi hijo, Carlos, hasta los setenta y algunos de don Julio Maroto. Por sexo, la representación femenina se limitaba a la presencia de la jovencísima Diana López, precisamente una de nuestros más entusiastas valores.

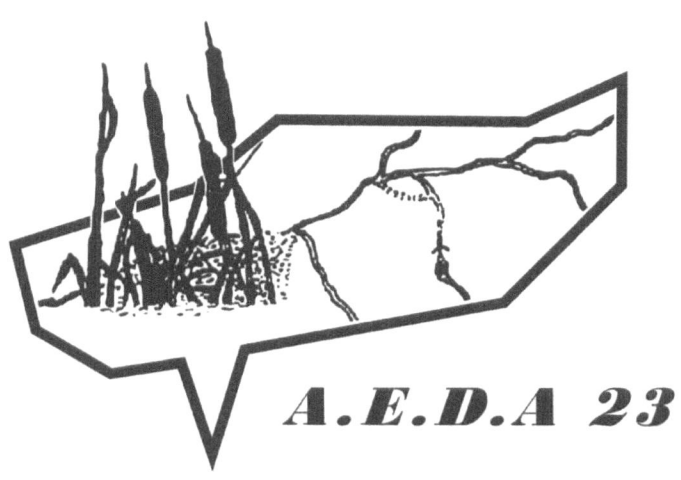

Así que, de esa forma tan inesperada, en apenas cuestión de unos meses, me vi convertido en un activista defensor del medio ambiente en la Mancha. Y sin ninguna duda, eso se lo debía al ejemplo, empeño y admiración que en mi persona ejerciera la figura de un viejo profesor: don Julio Maroto García. Ojalá que estas líneas pudieran prestarle algo del merecido homenaje que siempre mereció.

LA "COORDINADORA 0"

Desde hacía algún tiempo había venido teniendo noticias de ella a través de los diversos medios de comunicación. La "Coordinadora 0" había nacido para defender la opción "cero extracciones" en el Acuífero 24, del Campo de Montiel. Lo que me hacía suponer que, en aquel ámbito territorial —manchego, sí; pero muy *sui géneris* y peculiar— estaba ocurriendo algo similar a lo que había ocurrido en la Mancha, en el Campo de San Juan, con el Acuífero 23. Así que cuando vi el anuncio de una convocatoria de reunión en la localidad de Argamasilla de Alba, cogí mi grabadora, mis cámaras fotográficas, y sin encomendarme a Dios, ni al diablo, me presenté en el salón de conferencias de la Casa de la Cultura de esa localidad.

Para mi mayor sorpresa, me encontré con un local abarrotado de gentes, lo que me hizo comprender que aquello no era una reunión de ecologistas, y que, por tanto, la idea previa que me había forjado sobre la "Coordinadora 0" no era la que se correspondía con la realidad. Es lo que suele ocurrir cuando formamos juicios de valor. Pero es que además ocurrió que mi presencia allí resultaba tan inesperada y extraña que pronto las miradas se volcaron sobre mí. Así que decidí hacerme pasar por "periodista" independiente, alegando un interés puramente profesional, y así la situación pareció relajarse y funcionar.

Comenzó la reunión, y pronto pude discernir que la mencionada Coordinadora había nacido bajo el impulso y patrocinio del Ayuntamiento de Argamasilla de Alba, agrupando a determinadas organizaciones agrarias, como la Unión de Pequeños Agricultores (UPA), la Coordinadora de Agricultores (COAG), y los sindicatos CC.OO. y UGT.; es decir, la coordinadora agrupaba a los sectores laborales más alineados con la izquierda política. La ausencia de la derecha —PP y ASAJA—, en cambio, era manifiesta y total. Es decir, que lo primero que tuve claro es que, en el Campo de Montiel, al igual que en el de San Juan, se estaba viviendo otra guerra del agua entre los diferentes intereses políticos, y los sociales y económicos; y que se pretendía utilizar la cuestión ecológica como arma arrojadiza de los unos contra los otros, sin que, en realidad, el Medio Ambiente, les viniera a importar lo más mínimo en realidad. Era la misma situación, pero en distinto lugar.

No obstante, esta reunión me vino a descubrir algunas cosas: lo primero, la existencia del Acuífero 24, manantial y génesis por excelencia del parque natural de las Lagunas de Ruidera. Y es que a este Acuífero le estaba ocurriendo lo mismo que al 23, que de él se estaban extrayendo, con fines de regadío, cantidades masivas de agua, superando con creces las entradas medias interanuales y provocando con ello un vacío que anulaba las aportaciones tradicionales al parque natural, con el resultado final de la desecación de algunas lagunas, y drásticos descensos de niveles en las restantes.

Ocurría, también, otra circunstancia especial, y era que estas aguas se estaban extrayendo en la parte alta —el Campo de Montiel presenta un desnivel de más de noventa metros—, privando con ello de las aguas que, por escorrentía superficial, tradicionalmente, debían de llegar hasta la parte baja. Y Argamasilla de Alba estaba en la parte baja. Por tanto, sus ciudadanos estaban viendo agostarse sus seculares cultivos de regadío. Así que, ¿cómo no iban a defender la opción de cero extracciones en cabecera?; y la justificación de la caótica situación que vivía el parque natural les venía fenomenal para sus intereses. Pero sentimiento ecologista o defensa de la naturaleza; eso eran cosas que, para ellos, carecían de valor. Así que me vine a casa con la clarísima convicción de que también por Ruidera y el Acuífero 24, tendría que luchar. Y para luchar por Ruidera, lo primero que había que hacer era investigar y estudiar para llegar a comprender cuál era la verdadera situación.

Comencé a recopilar estudios e informes. También ampliamos el fondo de nuestra hemeroteca para compilar las noticias que incluyeran al Acuífero 24, además del 23. Y así comencé a descubrir la realidad de Ruidera.

En Ruidera todo comenzó cuando los grandes propietarios del Campo de Montiel, iniciaron un proceso muy similar al ocurrido desde una década antes sobre los predios del Acuífero 23; la defenestración masiva del monte bajo mediterráneo —encinares y sabinares—; la roturación de tierras, la perforación de múltiples sondeos, y la puesta en producción de miles de hectáreas de regadío con las aguas subterráneas del Acuífero 24. Los resultados sobre el ecosistema de Ruidera, no se hicieron esperar: desparecieron las lagunas de La Nava y Blanca, primeras de cabecera, mientras descendían drásticamente los niveles de las demás.

Las actuaciones prosiguieron encauzando los ríos y arroyos que surcaban el paisaje montieleño, lo que eliminó las pequeñas lagunas de origen fluvial que se formaban entre los sabinares, al mismo tiempo que se procedía a la quema de la vegetación palustre. Con ello, "el golpe" se consumó; y Ruidera comenzó su agonía.

De entre la diversa documentación y bibliografía que llegaba a mis manos, un libro: *"Lagunas de Ruidera, el río que pasa por mi pueblo"*, llamó poderosamente mi atención. Era su autor, Salvador Jiménez Ramírez, un natural de Ruidera que llevaba cuarenta y ocho años pateando e investigando la arqueología y la ecología del parque natural, y que, con sus propios medios, había financiado su edición. Y esta publicación me llamó la atención porque a través de su contenido pude constatar el desgarrador mensaje que lanzara su autor, el patético dramatismo que emanaba de cada una de esas páginas, y la terrible soledad en la que había sido arrinconada aquella persona tan solo por posicionarse y defender su entorno natural. Un conjunto de sensaciones, pues, de esas que te hacen no poder permanecer inactivo; tener que posicionarte y luchar: ¿Quién era Salvador Jiménez Ramírez?; era la pregunta inmediata que me inquiría una y otra vez. Así que pronto tuve claro la siguiente tarea que tenía que realizar: tenía que conocer a Salvador Jiménez, al igual que otro día tuviera que conocer a don Julio Maroto. Pero no tenía ni la menor idea de cómo lo podía hacer.

La respuesta llegaría como suele ocurrir en estas ocasiones: todo gracias a la casualidad. Resultó que unos familiares tenían un hijo al que apasionaba la arqueología. Y como su lugar de escapada por antonomasia eran las lagunas de Ruidera, pues el pequeño, a base de mucho insistir, había trabado una importante relación con Salvador, que si bien, tal vez no fuera de abierta amistad, dadas sus enormes diferencias de edad, lo era al menos de confluencia en un sentir similar. Y fue a través de este joven por medio del cual llegaría a conocer a Salvador.

Campos de San Juan; predios del Acuífero 23

EL ENCUENTRO CON LAS TABLAS

Por supuesto que había oído hablar de ellas, sobre todo en los últimos tiempos. Pero como la inmensa mayoría de los manchegos por aquellos años, jamás me había interesado por conocerlas de verdad. Cosa extraña — pensaría después—, pero lo cierto es que esto era así. Y es que el medio que nos rodeaba siempre había estado conformado por una multitud de lagunazos y charcones, de los que, salvo miríadas de mosquitos, pocas cosas habíamos recibido. De manera que, ¿por qué íbamos a interesarnos por las Tablas?, si pasábamos la mitad de cada año inundados por doquier.

Así que aquel verano decidí no demorarlo más: cogí las cámaras, subí al coche, y sin pensarlo dos veces, me dirigí al Parque con la intención de poderlo visitar. ¡Craso error! En la Mancha, en los meses estivales, desde primeras horas de la mañana, prácticamente no se puede permanecer al sol.

Llegué al Parque alrededor de los once, y para esa hora ya un calor inmisericorde calcinaba la nava. Aparqué junto al centro de información; me acerqué al mismo, y allí me facilitaron unos tristes folletos con la indicación de dos rutas que recorrer a pie; la de la isla del Pan, y la de la isla de Algeciras: ¿Cuál tomar? ¡Tanto daba!; al final ninguna conocía. Me decidí por la más inmediata, aquella que presentaba en las cercanías el bosquecillo de tarayes.

Pasarela junto al bosquecillo de tarayes

Crucé las primeras pasarelas sobre los lagunazos; esas tan fotogénicas que ilustran cualquier información que se precie sobre el parque natural, para descubrir que estaban secas, con algunos pestilentes charcones de aguas corrompidas y fétidas. Ni un ave, ni una anátida, ni un visitante; aquello era el desierto en lugar de un humedal. Miraba a mí alrededor intentando descubrir en qué consistía la maravilla de aquel lugar, pero no encontraba nada que lo pudiera justificar; tan solo aquel implacable sol y el inaguantable calor que casi me impedía respirar.

Bosquecillo de tarayes

Vislumbré en las cercanías el bosquecillo de tarayes y me dirigí pronto hacia el mismo buscando la protección de sus sombras. Pero cuando llegué a él, estaba tan raquítico y caído que sus escuálidos árboles apenas lograban impedir la penetración de los rayos del sol. Sudaba mucho; sudaba a raudales; estaba casi a punto de coger una insolación, así que decidí volver por mis pasos y regresar a casa: ¡Allí no había nada que ver!

Durante el camino de regreso, mientras conducía, pensaba que algo se me había escapado, que no había comprendido la razón y el porqué de este parque nacional. Y tomé la decisión de preocuparme por conocerlo antes de volver otra vez. Era la misma historia de siempre: no se puede apreciar aquello que no se conoce, salvo por su interés estético. Y no había sido mucho el que me brindara en aquella ocasión.

Los días posteriores los dediqué a realizar una búsqueda masiva de información sobre las Tablas de Daimiel. Luego comencé a leer todo aquel material, y así fue como descubrí los avatares y cambios que había tenido el parque.

Las Tablas de Daimiel están situadas a caballo entre los términos municipales de Villarrubia de los Ojos y Daimiel, allí donde las aguas salobres del río Gigüela se unían con las dulces del Guadiana, o mejor, con las aguas que emanaban por los "Ojos" del Acuífero 23. En conjunto daban lugar a una extensa nava poblada de multitud de tablazos, masegares y juncales, que constituían un paraíso natural para una fauna acuática y terrestre de enorme valor medioambiental. Tanto que ya existían referencias a las mismas en el *Libro de la caza*, del infante Juan Manuel.

De modo que esas eran las Tablas que don Víctor de la Serna recreara en su *Por tierras de La Mancha*, ese conjunto de artículos que tanto me había impresionado leer.

Los mínimos charcones que quedaban en las Tablas

Pero sobre ese idílico paraje, tan solo algunos años después de que fuera glosado por el periodista, se aplicó la primera medida de modernización implementada en la zona: la "Ley de saneamiento y colonización de las zonas húmedas..." del año 1956, cuyo objetivo no era otro sino la desecación de todas las zonas palustres y humedales de la Mancha, con el objetivo sanitario de eliminar las ancestrales epidemias de paludismo, y ganar terrenos de cultivo aledaños a los principales ríos manchegos. De este modo, en las Tablas de Daimiel, se eliminaron las represas naturales que conformaban sus tradicionales molinos de agua, y se drenó el cauce del Guadiana, con lo cual el paraje prácticamente desapareció.

Fue la reacción internacional de expertos y naturalistas la que logró que se paralizaran estás actuaciones, logrando que el Gobierno español declarara la zona como Reserva de Caza, en 1966; Parque Nacional después, en 1973.

Regresé a las Tablas otra vez al concluir el verano. Eran las fiestas en mi localidad, y los desacompasados ruidos nocturnos de semejante ajetreo casi me habían impedido dormir. Así que nada más amanecer, calcé las botas, tomé la mochila y las cámaras fotográficas, y me vine para Daimiel.

Atrás iban quedando los pueblos de la Mancha: Herencia, Puerto Lápice... A medida que me acercaba me invadía el nerviosismo. Al llegar aparqué de nuevo donde el centro de información. Tomé las cámaras, y comencé a caminar hacia el embrujo de los tarayes. De nuevo en las pasarelas observaba una mínima capa de agua que olía a putrefacción. Sin embargo, los masegares se presentaban increíblemente majestuosos en su soledad. Pero otra vez ocurría: ni un ave, ni una anátida. Y el cielo azul; azul, siempre tan azul.

Comencé a manejar las cámaras de forma casi febril. Entonces la idea me llegó casi sin esperarla. Iba a documentar aquel recorrido con una sola intención: la de realizar un reportaje desde el punto de vista de un observador crítico con la destrucción ecológica que había ocurrido allí.

Aguas eutrofizadas en las Tablas de Daimiel

Todavía las zonas que permanecían húmedas, encharcadas artificialmente con las aguas derivadas desde el trasvase Tajo-Segura, conservaban la increíble fotogenia del lugar. Luego estaba el bosquecillo de tarayes arrobado de silencio. Pero a medida que seguía caminando, esas privilegiadas zonas encharcadas iban desapareciendo. Y con ellas, masegares, juncales, carrizales. Y ya solo dominaba el sol abrasador y el terreno calcinado. Los viejos paseos poblados de bancos ya no eran otra cosa sino pasto de cardos y abrojos. Al puente de Molemocho hasta le habían cegado los ojos a base de cemento y ladrillo, para evitar que las aguas trasvasadas se pudieran escapar hacia los Ojos del

El autor en sus salidas al campo

70

Guadiana, circulando al revés dada la diferencia de cotas. Porque el río Guadiana ya no existía en las Tablas de Daimiel.

Decidí retornar. Me detuve sobre una loma de la carretera que dominaba el paraje para observar: ¿Dónde están las Tablas de Daimiel? —me pregunté.

¿Dónde están las Tablas de Daimiel?

Luego, mientras conducía, trataba de hacer una especie de síntesis mental sobre tanta irracionalidad y tanto disparate como había visto en los últimos meses: de las lagunas de antaño no nos quedaba ni una. En su lugar viejos lechos salitrosos aparecían cuarteados, como desérticos calveros sobre el terreno ¡Quién diría que contuvieron agua alguna vez! Los cauces del Záncara, río Viejo, Canal del Gran Prior, se encontraban roturados y puestos en producción agrícola en gran parte de su recorrido. Y donde no lo estaban se habían convertido en poco menos que vertederos incontrolados en las proximidades de las poblaciones. Los maltrechos puentes que aún los cruzaban no eran sino anacronismos sin sentido, y de los antiguos encinares y monte bajo mediterráneo, no quedaba sino el recuerdo. Todo se lo había llevado por delante el sacrosanto progreso ¿Qué nos quedaba ya? ¿Qué se podía hacer?

Todavía los Ojos del Guadiana han manado alguna vez

SALVADOR JIMÉNEZ RAMÍREZ

Creo que conocer las lagunas de Ruidera es uno de esos regalos que todo amante de la naturaleza debería hacerse alguna vez. Y digo conocer, que no solo visitar.

Porque eso, precisamente, era lo que yo había hecho, a lo que yo me había limitado, antes de conocer a Salvador Jiménez Ramírez; sin duda una de las personas que más han trabajado en su vida por defender el medio ambiente en el entorno del parque natural de Ruidera; y sin duda también, una de las que más han sufrido por hacerlo. Aunque a estas cuestiones llegaremos después, pues buena cosa será que sigamos manteniendo el hilo conductor.

Reconozco que debo ahondar mucho en los recovecos de mi mente para recordar mi primer encuentro con tan singular persona, pues a diferencia de lo que me ocurriera con don Julio Maroto, aquel primer encuentro con Salvador Jiménez, no ha quedado grabado en mi memoria con total nitidez. Tan solo recuerdo encontrarnos, el joven Jesús Lizcano, Salvador, y un servidor, a la puerta de su casa; realizar una protocolaria presentación con breve saludo y apretón de manos, y sentir después la mirada de él como clavada a fuego sobre mí, tanto que me hizo sentir incómodo: era como si quisiera descubrir con esa intensa mirada quién diablos era yo.

Salvador Jiménez Ramírez

Nos marchamos de allí, Jesús y yo, con una impresión diferente: para mí, la de que no le había gustado mi persona; para Jesús, la de que era la reacción normal en Salvador. En cualquier caso, no había resultado la mejor manera de conocernos. Y debió de pasar un largo tiempo hasta que volviera a encontrarme con él. Tal vez algunos años. O quizá coincidiéramos algunos meses después ¡No lo sé!; no lo recuerdo por más que me esfuerzo en ello. Lo siguiente que consigo recordar es que de algún modo le pedí que recibiera a los alumnos del colegio donde cursaba mi hijo, a los que iba a llevar de excursión para que conocieran el Parque; para que lo conocieran mejor, quiero decir, no solo como a ese lugar al que se iba los domingos de verano a bañarse y comer.

Y nos recibió; en su propia casa, inundando de niños aquel salón-comedor tan especial, todo lleno de libros —paredes, mesas, estantes—, además de mil reliquias arqueológicas que el encontraba en uno u otro lugar. Allí nos dedicó una sesión con diapositivas donde los niños disfrutaron más con las anécdotas que les contaba, que por el contenido en sí de la charla; amén, claro está, de "alucinar" con las diferentes piezas que ponía en sus manos.

De Salvador ya conocía cosas, algunas de ellas porque él me las había contado. Lo que me hace deducir que algunos otros encuentros previos habíamos tenido ya. Pero lo cierto es que aquella visita con los escolares marcaría un punto de inflexión entre los dos. De pronto fue como si desapareciera cualquier duda en su corazón, porque a partir de aquel día ya siempre se abrió hacia mi persona. Encuentros, salidas, marchas; una especie de camino que fue abriéndose a mis ojos como un magnífico libro de historia, belleza y sabiduría; un libro escrito en simbiosis entre la Naturaleza y Salvador.

¡Qué bien recuerdo aquellas salidas en las que caminábamos los dos! Nada que ver con los primeros encuentros. Me basta cerrar los ojos, y en mi mente todo vuelve a aparecer, como si el tiempo no hubiera pasado, como si fuera ayer…

"Contemplo a Salvador. Es hombre pausado y precavido, alguien que conoce bien las ventajas de la mesura y la moderación. Por eso camina caviloso por estos parajes de las lagunas que él piensa que fueron, y ya no son, a causa de tanto estrago y atropello".

Con Salvador fui conociendo el paraje; poco a poco, como han de conocerse las cosas, saboreando cada descubrimiento, cada leyenda o cada anécdota que él me contaba. Así fui descubriendo Ruidera; y así fue como llegué a entender que éste paraje, en mitad del secarral, era algo excepcional. Y que a diferencia de lo que acontecía en las lagunas esteparias situadas sobre el Acuífero 23, y en las Tablas de Daimiel, la peculiar geología del Acuífero 24 y el Campo de Montiel, posibilitaba una acción administrativa rápida —la ordenación de las extracciones—, y ésta, a su vez, posibilitaba la recuperación total del Parque Natural. Ruidera no era Daimiel; y sobre Ruidera —pensé— tendríamos que volcarnos con especial dedicación.

"Subimos hasta el otero, y allí, desde la cima, con los ojos semicerrados y las mandíbulas apretadas, como si fuera un gesto con el que quisiera dar más fuerza al pensamiento, Salvador me habla de sus recuerdos: de aquellos manantiales y regatos que perecieron, de juegos de niños gateando por entre juncales y tobazos, arrastrándose por travertinos envolventes de cataratas y lagos; la naturaleza por escuela".

Así llegué a conocer la clase de persona que era Salvador. Y a la par que descubría a la persona, nacía en mí, también, una nueva idea de Ruidera: siempre desde la visión de sus ojos; siempre desde la expresión de los sentimientos que emanaban desde su corazón.

Muchas fueron las páginas que entonces escribiera en mi diario, supongo que en un intento de que no se perdiera en la eternidad toda aquella emoción, toda aquella forma de descubrir un paraje natural del que yo era privilegiado alumno y espectador. Por eso no puedo menos que reproducirlas aquí. Porque sin ellas, esta historia quedaría incompleta. Y porque quizá con ellas, desde el sentimiento, el calor y la amistad con que fueron escritas, pueda rendir una especie de agradecido homenaje a ese ser excepcional, que es Salvador.

Con Salvador, por las lagunas altas

Ahí lo tienes —me dice—: el alto Guadiana; lento en su discurrir hasta formar las lagunas de Ruidera, el río Pinilla como espina vertebral.

Ver el río Pinilla discurrir por los predios del Campo de Montiel es algo que merece la pena. Serpentea débil, como asustado entre paredes de calizas, y en sus recodos y meandros aún pueden observarse algunas comunidades de bellísimos saucos, con sus ramilletes de blancas y estrelladas flores y ese olor tan dulzón y penetrante; y más adelante la vega, en teselas de infinitos verdes con esa vena cristalina del río que avanza en meandros hasta hundirse en la laguna. Alrededor, allí donde los manantiales hacen su aparición, los carrizos y juncales, chopos y nogales, parecen emitir un suave ronroneo, como un seseo silencioso y tranquilizante enmarcado por lomas de pardos morros salteadas de sabinas, tomillos y romeros. ¡Sabinas, sí!; aisladas, adaptadas al terreno y a la dureza del clima, envejecidas también, pero enhiestas y orgullosas.

La laguna Blanca está situada en la hondonada del valle. Las albas tierras de su fondo y riberas imprimen una tonalidad característica al paisaje. En ella confluyen, el río Pinilla, el arroyo de La Nava y un venero que llega desde la denominada Fuente Verdejo. Con todo, desde 1986 ha permanecido casi siempre seca. Por eso, en las raras ocasiones que aún ha podido colmatarse, su belleza especial resaltaba sobre el horizonte, azuladas las aguas sobre su blanco lecho.

El derrame natural de la laguna Blanca se conoce como Vado Blanco, y se ensancha unos doscientos metros extendiéndose como humedal más que como río. Y aún a pesar del acoso en forma de drenajes y desecaciones para ganar campos de cultivo, este compartimento ecológico, hasta el año 1987 en que se secó, albergó especies de la ictiofauna autóctona (calandinos, bogas, cachuelos) que estaban extinguidas en el resto del humedal. Ahora se necesitan tiempos de grandes lluvias para que las aguas discurran por Vado Blanco y el Ossero.

Me narra estos hechos con tristeza, Salvador, fijos sus ojos en el infinito. Y surge un silencio que trasciende como dolor del corazón.

La laguna Conceja aparece abarcada por una espesa franja de masiegas y carrizos. Es una de las menos deterioradas del parque natural, puesto que casi no se ha construido en sus márgenes. También fue siempre de las preferidas en las jornadas de furtivismo y pesca nocturna que los habitantes del lugar, entre los años 50 y 60, se veían obligados a realizar con el único fin de ayudarse a subsistir.

Vista de la laguna Conceja desde el alto de La Morra

Ciñendo las lagunas, entre la Conceja y la Tomilla, por ambos márgenes, los caminos permiten un paseo encantador. Casi siempre solitarios, bordeados de encinas, sabinas, chaparros y enebros, olorosos de tomillo, abigarrados por el sol, quizá sean uno de esos lugares que las aceleradas y urbanitas almas necesitan, de cuando en cuando, para descansar.

Dicen, de la laguna Tomilla, que su nombre deriva de los tomillares que la circundaban. Un riachuelo de unos cuatro metros de ancho y cincuenta de longitud, oculto entre los carrizales, la conecta con la Conceja. Aquí la presión humana es muy superior: chalés y establecimientos hosteleros al borde del agua suponen una afluencia masiva que acaba con la idílica paz anterior. Anulada hoy en día la artificial toma hidráulica para la central de Ruipérez, el agua discurre desde el Baño de las Mulas por un cauce divagante y sinuoso encajado entre paredes de arenas finas, de modo que sus cascadas, ollas y pilancones, alcanzan una

Laguna Conceja

expresiva belleza junto con el fluir del río en su camino a la Tinaja.

Me habla ahora Salvador de soledades paradisiacas. Son soledades en las que se sienten como campanas tocando a rebato de una extraña felicidad. Pero también me habla de soledades impuestas por los más próximos semejantes; son soledades que parecen empujar al averno porque hieren en lo más profundo de los sentimientos del ser humano racional ¡Cuánto puede incomodar la mera opinión de un pobre aldeano exasperado ante la inmunidad y el privilegio!

"Si a los habitantes de Ruidera les fallara el recurso turístico, el desastre económico sería total —me dice Salvador—. La propiedad, como antaño, sigue configurada en grandes latifundios, de modo que al estar limitado el acceso al grueso de los recursos que proporciona el medio, las pequeñas huertas y longueras de campesinos serían incapaces de asegurar la subsistencia. La única alternativa sería la que ya sufrimos en nuestras carnes: la odiosa emigración".

Se torna nostálgico Salvador. Bullen en su mente pensamientos y recuerdos, nostalgias de otros tiempos pasados que fueron como fueron, ni mejor ni peor, aunque él los recuerde con mayor agrado: suele ocurrir que el tiempo magnifica el pasado, por eso a él, la contemplación de lo actual le deja en el alma como el poso amargo de algo que le hiere: "Lo que a ti te toca, Salvador, es seguir viviendo en este ambiente —le digo—. ¡Huir nunca fue la solución!".

Y así, este primer paseo por las lagunas de Ruidera, junto a Salvador, ha llegado a su fin. En su discurrir ha conseguido llegar a mi alma ¡Qué fácil me resulta ahora comprenderle! ¿Cómo después de vivir aquellas lagunas que fueron, aquellas que tomaron asiento en su interior, uno puede sentir que sigue encajando allí? ¿Cómo no rebelarse contra tanto desmán, aunque ello te cueste el desprecio y la marginación?

Con la historia y Salvador, por las lagunas medias

Despierta de su ensimismamiento Salvador: ¡El Alarconcillo! —señala—; un aprendiz de río por lo pequeño de su cauce y caudal que sin embargo ha sabido abrirse paso hasta abocar en la laguna San Pedro, aumentando con sus aportaciones este humedal. Pero con todo, el Alarconcillo siempre fue el río de Ossa de Montiel, aquel en el que los chavales pasaban los veranos chapoteando entre sus aguas en busca de cangrejos. Claro que eso fue hasta que llegó el progreso y el pueblo se equipó de servicios de alcantarillado; servicio que sin duda mejoró la vida de sus gentes, pero que a la postre supuso la muerte del río convertido en el colector general.

Entre Ossa de Montiel y el parque de Ruidera, en plena altiplanicie, resulta fácil distinguir las muestras de la transformación agrícola que supuestamente ha significado el progreso para los predios del Campo de Montiel: amplias roturaciones del monte bajo motejadas del rastro de alguna encina, como si fuera un punto y seguido en el extenso secarral, los pivots en la lontananza. Al fondo, la laguna San Pedro.

Laguna San Pedro

La San Pedro es una laguna extrañamente orientada con respecto a los restantes del parque natural.

También es una de las más alteradas como consecuencia de la acción antrópica. La venta por parcelas de los terrenos situados al borde de la laguna posibilitó un rosario de construcciones que rompieron su equilibrio natural.

El cauce natural del río pasa, desde la laguna San Pedro a la Redondilla, a través de un modesto discurrir superficial. Lo que motiva que esta última sea una de las más afectadas cuando los ciclos secos interrumpen este aporte. La falta de veneros subterráneos ha hecho frecuente, en los últimos años, verla seca en su totalidad.

Travertino entre la Redondilla y La Lengua

La Redondilla soluciona su continuidad con La Lengua en una barrera travertínica de gran porte y belleza que posibilita, cuando las aguas vierten de una a otra, unas bellísimas cascadas que en los años de plenitud son algo excepcional. Porque La Lengua es quizá una de las más bellas lagunas de Ruidera, con su fondo de blanca arcilla impermeable otorgando a sus aguas ese color especial. Está enmarcada por monumentales paredes de tobazo que hicieron, en otros tiempos, que fuera el chabacano paraíso de la acampada libre y el uso incondicional.

La Lengua

Tampoco quedó indemne de la acción de las antiguas compañías hidroeléctricas; la rotura del dique travertínico en su parte final, a fin de evitar inundaciones por colmatación, rebajó de forma perenne el nivel del agua en unos cuatro metros.

De La Lengua a la Salvadora se extienden unos tobazos que en los tiempos de abundancia logran unos rápidos

Travertino entre La Lengua y la Salvadora

de gran belleza y armonía. En la Salvadora el agua se remansa detenida por un cinturón de tobazo que propicia un salto de unos tres metros sobre la laguna Santos Morcillo.

Entre las lagunas Santos Morcillo y Batana existe un salto de unos ocho metros de altitud, quizá el más bello de Ruidera. El lecho de la Batana es muy profundo (unos quince metros) y tiene una importante red de manantiales en su margen sur. Todas las barreras de estas tres últimas lagunas fueron trepanadas para facilitar su desembalse. De este modo su capacidad se redujo en unos tres metros de profundidad. Aunque es en la Colgada donde el Guadiana Alto alcanza su solemne madurez. Allí el paisaje, menos agreste, adquiere tonos más húmedos y verdes, y cuando uno

Travertinos: lagunas Lengua-Santos Morcillo; Santos Morcillo-Batana

se interna por los montes y transita cañadas como la de Las Hazadillas, entre oscuras umbrías y verdes encinas, el espíritu llega a fundirse en plenitud con el medio natural.

La laguna Colgada, aproximadamente en su mitad, está partida por un espolón que conforma una pequeña isla artificial. Establece los límites entre las provincias de Albacete y Ciudad Real. Esta laguna tiene un dinamismo hídrico especialmente peculiar, porque el caudal fluyente del manantial de Las Hazadillas es uno de los más constantes y perennes de Ruidera, lo que le hace soportar extraordinariamente bien los distintos periodos de sequía.

Entre la laguna Colgada y la del Rey existe un pequeño estrechamiento que los naturales denominan río Paranza. Aquí, hace ya bastantes años, practicando el remo, Salvador fue tiroteado por violar la propiedad privada. ¡Qué bien lo recuerda! Igual que recuerda el día que se puso a pescar en la laguna del Rey cerca de las compuertas de la central de San Alberto. A su espalda alguien le dio los buenos días, para inquirirle después el permiso de pesca y la documentación. Era un cabo de la Guardia Civil. Por toda respuesta unas infantiles lágrimas. Después le llevaron hasta las casas de la central y le dejaron en la puerta: "¡Espera aquí!". Atestado por medio, firma de la paternal autoridad, unos meses después fue citado a juicio. Cuando el juez vio ante él a aquel chiquillo cogido de la mano de su padre, con la caña de un ribazo, un hilo de sedal, un corcho de botella como boya, y un doblado alfiler por anzuelo, solo supo exclamar: "¡Dios mío, qué cosas pasan en Ruidera!".

Por las lagunas bajas con Salvador

Las denominadas lagunas bajas de Ruidera, bajo el nombre de "Coto Ruidera" fueron inscritas a favor del Estado el día 14 de febrero de 1866. La finca fue sacada a subasta y rematada por Pascual Aparicio Sánchez. Posteriormente, tras diversas cesiones y ventas, el "Coto Ruidera" fue inscrito el 9 de abril de 1898 a favor de Antonio García Noblejas. En la inscripción ya se hacía constar que "dentro de los límites, como parte del mismo, hay varias lagunas que se denominan, parte de la Colgada, la del Rey, la Morenilla, y parte de la Coladilla". Posteriormente se han venido realizando desmembraciones y segregaciones por ventas de parcelas, incluidas partes de las lagunas.

Así, pues, por las lagunas bajas, al igual que por las medias y altas, el denominador común es la propiedad privada. De modo que, cercas, alambradas, vallas, maderos y cadenas impedirán al caminante disfrutar del paraje en libertad.

"Creo que mi herencia es la soledad" —habla como en un monólogo Salvador—. "Es una soledad llena de languideces y melancolías que me hacen sentir como ausente y escindido de mi entorno social. ¡Si pudiera cortar el contacto con lo que me rodea!" —Con los ojos entornados contempla la loma de la carretera—. "Por allí, andando —continúa diciendo Salvador— se iban los quintos al servicio militar, el hato envuelto en un gran trapo anudado varias veces y con manchas de la pringue que soltaban los alimentos. Y por las vegas y cerros los hombres se pasaban el día entero y parte de la noche bregando para procurarse el trozo de pan".

El Hundimiento es un bello paraje que a mí me produce una profunda melancolía, una sensación como de final de algo bello que poco a poco se extingue y se agota. El olor de las higueras y el bramido del agua al caer me suenan como al canto póstumo de un paraje presto a desaparecer, al menos en su calidad natural. Y no es fácil hacer afirmaciones de este tipo en Ruidera. A Salvador le han costado la exclusión social. Sus libros fueron una denuncia en toda regla; pero cuando ya pormenorizó que ciertos empresarios privados estaban vertiendo los contenidos de las fosas sépticas de sus

El Hundimiento

establecimientos a las lagunas, el acoso sobre el hombre se generalizó. Desde entonces su vida ha sido un infierno.

Al fondo del barranco el agua discurre plácida, se remansa entre árboles y romeros hasta hacerse laguna en la Cueva Morenilla, hoy tremendamente urbanizada en sus márgenes, continuando por la Coladilla y la del Cenagal. Fue esta última laguna la elegida por Juan de Villanueva, arquitecto real, para dar comienzo a las obras de lo que habría de denominarse Canal del Gran Priorato de San Juan. Aún la exclusa de Miravetes nos recuerda del logro y perfección de estos trabajos: piedra de cantería ensamblada para domeñar el agua en un terreno que nunca se dejaría domeñar.

Después de la Guerra Civil se roturaron estas vegas con el ánimo de sembrar chopos. Allí los ruidereños pasaban los días empapados en agua y cieno para luego poder comer unas patatas o remolachas asadas; las fiebres y diarreas como acompañamiento general ¿Cuánto han cambiado sus vidas por el solo hecho de vivir en un paraíso natural? ¿Cómo se pueden permitir el masacrarlo?

El Guadiana Alto en su discurrir hacia la laguna Cueva Morenilla

Y, sin embargo, defender los valores naturales de Ruidera significa ser tildado de "ecologista", o lo que es lo mismo, elemento "non grato", punto de mira en el disparadero social. Con Salvador pocos hablan, apenas le saludan, le han excluido de la comunidad. Y ahora Salvador me dice que ya no sabe de claros de luna llena, ni de míticos centinelas del otero, ni de las macollas de juncos a la vera del río, que solo piensa en volver a emigrar, sin darse cuenta que su vida ya ha trascendido sobre él, que su ejemplo es como la enseña de Ruidera, eslabón y rebeldía contra la barbarie, en definitiva, que Ruidera y Salvador Jiménez son... tal para cual.

Y así fue como Salvador Jiménez Ramírez se convertiría en ese "ecologista" atípico en Ruidera; un hombre solitario condenado al ostracismo por su propia comunidad por la mera cuestión de querer oponerse a tanta destrucción. Cuan ermitaño viviría desde entonces, como lobo solitario entre sus gentes; vilipendiado, odiado y hasta perseguido... Perseguido, sí, porque con el paso del tiempo las cosas llegarían a más.

Regatos en Ruidera

AQUELLA NAVIDAD

Y pasó el tiempo. Y así llegó de nuevo otra Navidad. Solo que ésta traía aires de tristeza y sufrimiento. Al menos para Salvador.

Recuerdo claramente estar sentado frente a mí mesa de trabajo; media tarde, el ocaso en el horizonte, y la potente luz del flexo arrojando su luz sobre unas cuartillas que se resistían a ser rellenadas. Sonó el teléfono; al otro lado del hilo, la voz de Jesús Lizcano:

—¡Mariano!... Soy Jesús...

—¡Sí, sí, ya sé! ¡Dime!

—Estoy con Salvador... Está mal... ¿Podrías hablar con él?

—¿Está enfermo? ¿Dónde estáis?

—¡No, no, no está enfermo! Es... otra cosa; pero está mal.

Me acerqué inmediatamente. Estaban en la cafetería de un hotel a la entrada de la población. Cuando llegué me encontré con la figura de un hombre hundido y machacado al borde de la desesperación:

—¡Salvador! Pero qué te pasa, qué te ha ocurrido —le pregunté.

Me miró, y unas incipientes lágrimas velaron sus ojos, pese a que él no las dejó correr.

Y me contaron. Me contaron, Jesús y él mismo, las muchas vejaciones que venía soportando desde tiempo atrás; concretamente desde que se decidió a publicar *Lagunas de Ruidera; el río que pasa por mi pueblo*. Indiferencia, insultos, exclusión y amenazas fueron las primeras reacciones. Después la cosa fue a más y llegaron los atentados contra su propiedad: daños a su vehículo, apedreamiento de su casa, y algo más tarde, la crueldad de unos zafios patanes llegó hasta el extremo de envenenarle a su perro, animal al que adoraba.

Pero, aquel día, el atentado se había dirigido directamente contra su persona. Le esperaron tres jovenzuelos con sus motos todo terreno, cascos y bates de béisbol. Le persiguieron a su regreso de los campos. Solo pudo salvarlo el hecho de conseguir llegar con su moto hasta las entradas del pueblo, y allí arrojarse a la cuneta junto a las obras del puente.

Y allí estábamos. Allí estábamos los tres sin saber qué hacer. Porque estaba claro que las autoridades no podían actuar sin que se consumara una agresión que era muy difícil de probar. Tampoco podían protegerle las veinticuatro horas del día. Así que, por ese lado, salvo interponer las denuncias correspondientes, poco se podía hacer.

Tomé la decisión de escribir: de escribir sobre Salvador. De hacer cosa de dominio público esa indigna persecución. Al fin todavía tenía fácil acceso a algunos medios de comunicación. De modo que eso fue lo que le prometí; y eso fue a lo que me dediqué inmediatamente después. Pero estábamos en Navidad, y la gente no iba a recibir bien esa denuncia social siquiera fuera en forma de artículo de opinión —pensé—. Así que, ¿por qué no escribir un cuento sobre él? Y puesto a ello qué mejor que reescribir el *Cuento de Navidad* de Dickens con un nuevo protagonista: Salvador. Y así fue cómo surgió:

Ruidera: un cuento de navidad

Salvador se ha levantado temprano en este amanecer de Noche Buena, y hay que decir que ello no obedece a un despertar tranquilo después de un sueño reparador, sino todo lo contrario, es el final de un hastío insufrible, de otra noche más de insomnio intranquilizador. Y es que Salvador ya hace noches y días, y días y noches, que no duerme ni descansa, acosado como está por el fantasma de la ingratitud y la incomprensión: ¡Si me conocieran! —se dice— ¡Si llegaran a comprender los sentimientos que anidan en mi corazón!

Ha salido de casa cerrando con cuidado y suavidad la puerta de la calle, como acariciándola en una despedida llena de emoción. Después, lentamente, ha vuelto su rostro como con miedo de encarar el horizonte: la bruma enseñoreándose de un crepúsculo tan sólo animado por el triste languidecer de la más próxima farola. A su alrededor, como en un susurro, le acoge el rumor del agua.

Se muestra fría la mañana mientras camina caviloso por esos parajes de aquellas lagunas que fueron y ya no son por causa de tanto estrago y atropello. Desde la cima del otero, con los ojos semicerrados y las mandíbulas apretadas para dar más fuerza al pensamiento, recuerda inerme aquellos regatos de la infancia tributo de manantiales que perecieron; y los primeros juegos gateando por entre tobazos y juncales, lamiendo travertinos envolventes de cataratas y lagos; allí, donde un día fuera sumergido como ofrenda al bien de Dios.

Parece que fue ayer, y sin embargo han pasado los años en un vivir tranquilo que poco a poco ha ido degenerando hasta abocar en este actual vivir desasosegado. Primero fueron unos tímidos escritos que tuvieron eco en algún insignificante periódico comarcal. Se animó con ello. Siguió escribiendo y quiso saber más; saber por qué la gente, sus paisanos y amigos, habían vuelto la espalda a su medio natural; quiso saber el porqué de tantas agresiones, el porqué de tanto destrozo y atropello... Consecuentemente, dejó de tener amigos. Comenzó entonces a leer de forma compulsiva, con pasión y ansiedad. Como resultado escribió mucho más y hasta publicó algún libro. Para la aldea, aquello fue por demás. Andaban por medio las prebendas, los intereses pecuniarios ¡Con la iglesia hemos dado, amigo Sancho! Se convirtió en el enemigo; y con ello llegó el infierno. Le retiraron el saludo, le dañaron sus propiedades, le condenaron a un ostracismo interno; hasta que, por último, no siendo suficiente todo ello, llegó la agresión física y el atentado personal... Así su vida transmutó a un continuo desasosiego lleno de malestares, sintiéndose enfermo, fijándose en su mente como una condenada obsesión la sola idea de morir. ¿Por qué no seré más fuerte? —se preguntaba una y otra vez—, sin darse cuenta de que es sólo su gran fortaleza lo único que aún le mantiene en pie.

Por eso ahora, con su mirar lejano, escudriñando el horizonte con los ojos entornados, rodeado de un horizonte de colores entreverados, piensa que el mundo marcha al revés, que la sociedad está enferma, loca, que es un virus contagioso este afán de lucro, esta avaricia sin fin; que es como un sarpullido infeccioso tanto negocio hostil, tanta ansia de acaparar en un trepidante discurrir que ofende al alma del terreno.

Las sombras del crepúsculo tintan de oscuridad el páramo. Las nubes, perfiladas de áureos tonos semejan en su quietud el desengaño que es la vida. Hace frío; hace mucho frío en este atardecer de Noche Buena, tanto, que entre los sollozos de los gélidos aires que azotan las coscojas, se palpa, se siente la soledad ¡Han pasado las horas, ha pasado el día, y ni se ha enterado! Como luciérnagas despuntan desde la lejanía las luces de la aldea que hoy parecen brillar especialmente: contempladas así, desde la distancia, hasta semejan la existencia de un mundo de paz.

Ha llegado a la casa. Introduce la llave en la cerradura y al levantar sus ojos se sorprende al ver un rostro bondadoso allá donde la aldaba debía estar. Cierra sus ojos sorprendido; los abre otra vez; y la aldaba de hierro permanece en su lugar. Vuelve a cerrar los ojos, y los vuelve a abrir, y la sonrisa acogedora de su añorada madre le recibe en el portal: ¡No puede ser; es mi imaginación! —se dice Salvador— ¡Es sólo mi imaginación!

En el fuego arden humeantes unos maderos que perfuman de aroma de monte el solitario hogar.

Lidia Ramírez Aparicio; la "hermana Luisa"

Sentado en la mecedora, atizando las rojizas brasas, están Salvador y la soledad: ¡Dios mío, ¡qué triste es la

Noche Buena! —piensa mientras concentra sus entornados ojos en el llamear del fuego.

—De modo, hijo mío, que te quieres marchar…

Salvador contempla la extraña figura de su madre frente a él. Es como transparente y vaporosa. Pero pese a lo raro, a lo extraordinario del suceso, se encuentra increíblemente calmado, como si su presencia fuera de lo más natural. Y siente en ese momento como una inmensa calma, como una placidez infinita, como un inmenso amor que llena de gozo su corazón.

—Tengo que hacerlo, madre. Yo ya no encajo aquí.

—¡No encajas aquí! ¡Tú, que naciste junto a las aguas entre juncales y romeros!

—¡Es que ya no puedo más! ¡Aquí no me quieren! ¿Qué sentido tiene seguir?

Por toda respuesta la bondadosa anciana le toma de su mano y le saca de allí. De pronto, Salvador, se ve muy niño; se encuentra divagando entre aperos de labranza y aires de necesidades y esfuerzos: el sacrificio y el trabajo como únicos compañeros. Luego la tierra y las faenas, siendo aún tan pequeño que había de caminar asido a la negra falda de la buena madre: el cielo y la tierra, la lluvia y el sol apenas dejaban un breve tiempo para aprender las primeras letras en la aldeana escuela. Diez años de vida, sí, esos, tenía, cuando se vio estrenando su primer pantalón sin remiendos: al fin, para eso trabajaba de sol a sol, en busca del mísero sustento.

Suenan doce campanadas en el carillón de la pared. El fuego languidece y Salvador añade unos maderos cubiertos de humedad:

—Ya es Navidad, hijo mío. Que ella te colme de dicha y felicidad.

—¡Navidad! ¡Quién piensa en la Navidad! ¿Cómo puede hacerme feliz la Navidad?

Por toda respuesta el bondadoso espíritu vuelve a tomar la mano de Salvador y vuelve a hacerlo salir. Él se reconoce entonces como debió ser en otro tiempo, joven y fuerte, muchos años atrás. Estaba comentando con aquellas gentes, de aquellos que emigraban hacia los países europeos. Sí, aquella era la única manera de salir del atolladero, de comenzar una nueva vida en aires de dignidad.

Abril de un año perdido; ató una vieja maleta de cartón: tomiza de esparto, cuatro nudos y el mundo por delante; unos panes, unos chorizos, unas horas de lento traqueteo en un desvencijado autobús hasta llegar a una estación ferroviaria atiborrada de viajeros; gentes que pululaban por todos lados; luces, luces rojas, verdes y amarillas dando movimiento a los trenes; locomotoras negras y ruidosas, vacilantes, esparciendo su aliento sobre andenes y viandantes: un silbido atronador y un acurrucarse ensombrecido en un atestado departamento: veintitrés años, la mirada desesperada y un viaje a lo desconocido; las lágrimas incontenibles atropellándose al salir.

Inició un viaje hacia algún lejano lugar, agrandando con ello la pústula de la emigración: un trago de vino, el quejumbroso plañir de una guitarra y la añoranza en los acordes de una vieja canción: nostalgia y soledad aún antes de llegar a aquel lejano país donde los tejados estaban cubiertos de nieve y donde todo era mecánico, silencioso y frío. Extraño el idioma, extrañas las costumbres, lejano el lugar en el que iban a hacer el trabajo que otros no querían: noches en barracones abrumados de congoja; recuerdos que en tropel golpeaban sus pensamientos; inagotables las lágrimas.

¿Cómo puede un hombre abandonar la tierra en que ha nacido? —se preguntaba continuamente—. Aquella pequeña casa, cuatro ventanas y viejas lonas por persianas; el viento de los montes y el murmullo del agua: ¿Qué será de todos aquellos que en la aldea ni comen, ni duermen, ni sueñan, agobiados por su miseria? —pensaba— ¿Es que el destino nunca tendrá piedad con nosotros, los de la aldea?

Pasaron los años, amargos, lentos y monótonos, hasta que un día ¡Bendito sea Dios! rehízo su maleta para regresar definitivamente a aquella tierra donde naciera. Entonces una promesa anidó en su corazón: ya jamás saldría de la aldea: ¡Para comer un "coscorro" de pan con algo que acompañar, alientos me sobran! —se dijo a sí mismo.

—Te juraste que jamás saldrías de la aldea.

—Eran otros tiempos, madre. Ahora las cosas han cambiado.

—¿Has cambiado tú?... ¡Mírame a los ojos, mírame a los ojos, y dime que ya todo te da igual!

Las lágrimas comenzaron a aflorar lenta y mansamente ¿Seguía habiendo una razón para luchar?

Salieron nuevamente. Esta vez fue Salvador el que parecía tirar del animoso espíritu.

No abundaba el trabajo en la aldea, sólo en las grandes fincas, aquellos viejos señoríos cercados por alambre y púas. Para conseguir trabajar era necesaria cierta sumisión y un poco de afabilidad. Pero él no tenía nada de eso. Al fin le habían sobrado agallas a la hora de emigrar: no pudo doblegarle el frío, el olvido, la soledad; no iba a doblegarle ahora un trozo más o menos de pan. Mucho tiempo, demasiado, sin trabajo, da mucho que pensar, porque al final la ociosidad es como la herrumbre, gasta y enmohece más pronto que el trabajo. Pero aparta esos recuerdos, los elimina de su mente. Le costó llegar a deducir que vivía una vida como inexistente, transformada por el color del cristal con que miraba. Él creía vivir en el edén; era hermosa la vida, bonito y misterioso contemplar el mundo desde el silencio de los bosques; y se olvidó; se olvidó de su propio sufrimiento y del de los de alrededor: qué pocas medallas al mérito y al trabajo ganan los jornaleros. Quizá por eso despertó. Quizá por eso ansió y todavía ansía que los hombres vivan libres de los yugos que les oprimen. Aunque también sabe que eso sólo se consigue si esos mismos seres humanos lo intentan rompiendo las ataduras de la ignorancia y la sumisión: la libertad humana con honestidad, honradez, dignidad, esta es su aspiración.

Por eso, hoy, en este amanecer de Navidad, cuando asombrado ha despertado en la mecedora junto al fuego, ha sabido comprender. Y por eso hoy, en este día de Navidad, ha vuelto a recorrer, ensimismado y caviloso, aquellas lagunas que fueron; y piensa que lo que un día contemplara sigue teniendo aposento en su cerebro. Y a pesar de creer que ya no encaja en aquel medio en que un día quiso vivir, él sabe bien que tiene que permanecer allí, porque es su deber ver, oír y articular esa forma de protesta que desde la tierra y el agua emanan contra tanto lucro, contra tanto negocio, contra tanto despotismo y desdén como medran en este paradisíaco y exhausto lugar.

El Hundimiento

Exclusa de Miravetes

Baño de la Infanta

UN PASEO POR RUIDERA

Volví a Ruidera. Regresé múltiples veces, enamorado de un paraje que me había conquistado tras introducirme en él a través de las charlas de Salvador. Así que dedicaba mucho de mi tiempo al paraje. No necesitaba excusa alguna: simplemente cogía mis cámaras y me plantaba allí; como lobo solitario queriendo entenderlo bien. Eran horas y horas de largas caminatas por senderos y vericuetos en busca de interpretar ese libro conformado por historias y sentimientos. Y de este modo pude llegar a entender bien las distintas "Ruideras" que se pueden conocer: la arqueológica, la histórica, la de la naturaleza, la social y etnográfica, la política y cultural; además, claro está, de la que yo podía apreciar de forma subjetiva y personal. Todas y cada una de ellas me resultaban de un especial interés, pues todas tenían su propio aquél, su propia idiosincrasia que yo descubría a través de ese continuo cronológico que conformaba el paso del tiempo en su propio acontecer.

Había elevado a la condición de premisa básica la cuestión de que conocer Ruidera no consistía solo en visitarla; había que aprender sobre ella. Pero una vez que se conociera Ruidera, lo que había que hacer era visitarla continuamente a fin de seguir su evolución, de ser testigo presencial de los aciertos o desmanes que pudieran acontecer en su gestión. De modo que yo volvía una y otra vez. Me planteaba rutas que luego recorría tomando notas y fotografías que servían para ir llenando las páginas de aquel diario personal que un buen día comencé. Páginas como éstas que ahora vuelvo a releer:

Por la ruta de las Hazadillas

Colector central hidroeléctrica de Santa Elena

Observo a mi alrededor. Al frente, desde el monte y por el salto de San Pedro, desciende el colector que habría de conducirme hasta la central hidroeléctrica de Santa Elena, esas aguas domeñadas capaces con su potencia de producir electricidad. Como anaconda adormecida, pero siniestra y dispuesta a despertar, hunde la cabeza en el subsuelo quizá en un intento de ocultar la vergüenza de tanto deterioro como generó su construcción. Porque esta central se construyó allá por el año 1902, estando en funcionamiento hasta comienzos de los años 70, en que dejó de funcionar.

Para levantar ésta y otras centrales se construyeron canales, se rompieron travertinos, se drenaron lagunas impidiendo en el futuro sus históricos niveles de llenado natural. En fin, era un progreso que no paraba en mientes por un "quítame allá esas pajas" de unos cuantos miles de metros cúbicos y unos metros de nivel más en cada vaso lagunar.

A unos metros del colector se inicia el camino tras sortear esa valla que nos indica que estamos en propiedad particular. Anacronismo idiosincrático de Ruidera este de la propiedad particular, donde no parece, sino que lo único público que quedó fue el aire que lo envolvía; situación que aún persiste en la actualidad pese a los esfuerzos administrativos por recuperar la propiedad.

El sendero se encuentra alfombrado por las hojas de plátanos y olmos, de modo que suenan suaves nuestros pasos al andar. Al frente la vieja central hidroeléctrica de Santa Elena, y junto a ella las derruidas casonas de los empleados evidencian la decadencia de un pasado industrialista en el que la Naturaleza y el Medio eran considerados meros recursos mineros con económico potencial.

Desde las casas de la central, al borde de la laguna Colgada, seguimos el sendero que cruza la barrera travertínica entre las lagunas Batana y Colgada.

Guadiana Alto en su discurrir hacia la laguna Cueva Morenilla

La barrera se encuentra perforada con brechas que le impiden alcanzar su nivel ancestral. En la actualidad se necesitaría una bonanza hídrica espectacular para que fuera posible la comunicación superficial entre ambas lagunas. Quizá por ello han sido rellenados con piedras lo que serían pequeños cauces superficiales sobre la barrera, algo bienintencionado para facilitar el paso de los transeúntes, pero que evidencia la falta de esperanza en una futura comunicación superficial.

Trepanaciones de la barrera travertínica

Las aguas nos contemplan desde su gélida quietud; hace mucho frío en esta mañana invernal, lo que hace que volvamos a caminar en un intento de recuperar el calor en base al ejercicio de andar. Los romeros y las higueras nos flanquean el camino, mientras que el polvo calizo del suelo nos recuerda lo frágiles que son las barreras y su facilidad de destrucción solo con el caminar: retamas y sabinas completan la descripción de este inicio del paseo, porque estamos en plena ruta de Las Hazadillas, un paraíso de naturaleza y quietud para el disfrute. De modo que pararse a contemplar el paisaje que nos rodea es algo obligado, así como sentir el sonoro silencio que me rodea y que induce a la concentración, amén de un intento de sentir este momento del mero reflexionar.

Sendero de Las Hazadillas

Los pinos bordean el camino por la margen izquierda, mientras que por la derecha las calmas aguas de la Colgada permiten a los ánades un revolotear experto y ruidoso en busca del alimento que les es consustancial. A medida que avanzamos la umbría del sotobosque nos envuelve: a un lado el monte, al otro la laguna. Y entre medias este sendero verde para caminar, privilegio para gozar de un tiempo de quietud, entre enebros, chaparros y coscojas ¡Un regalo en el tiempo actual!

No obstante, cabe pensar lo durísima que debió ser la vida para todos aquellos que hubieron de subsistir arrancando lo que daba el medio natural: carboneros, caleros, yeseros, esparteros; cazadores y pescadores furtivos azuzados por la necesidad.

Diaclasas en las calizas; el Acuífero 24 en afloramiento superficial

Entre las rocas, la multitud de oquedades nos recuerdan la esencia de la conformación de este paraje natural: roca caliza sometida a un proceso constante de disolución por la acción del agua. Así mismo, algunos claros junto al camino nos vienen a recordar la actuación de los carboneros.

Manantial de Las Hazadillas

Seguimos caminando en busca de ese manantial de las Hazadillas que da nombre al sendero. Las choperas se yerguen al pie de la laguna, mientras extensos carrizales colonizan lechos lagunares al faltarles el líquido elemento. El sendero es tranquilo, gorjean las urracas y persiste la calma y el sosiego; aletean algunas perdices y nuevos calveros evidencian el recuerdo de la quema del carbón, esa ancestral manera de subsistencia y sufrimiento.

Susurra el agua al manar entre la tierra. Al fin el manantial se nos muestra en todo su esplendor con un caudal abundante de claras y limpias aguas.

Burbujea el agua al brotar desde el subsuelo para alimentar con su cauce la laguna Colgada y la del Rey. El manantial de Las Hazadillas está situado a gran profundidad de la roca caliza que conforma el Acuífero 24, del Campo de Montiel, de modo que permite su manar incluso en épocas de largas y continuas sequías, lo que posibilita el buen estado hídrico de estas dos lagunas incluso en las épocas de mayor sequía y aridez. Las lagunas Colgada y del Rey deben mucho de su porte y belleza a la existencia de este manantial.

Y así, con este discurrir del agua el paseo ha llegado a su fin: llegó la hora de regresar...

Sí, regresé muchas veces a Ruidera porque el lugar me atraía. Me atraía con una fuerza colosal que nunca supe de dónde podía surgir, pero que me impelía a tratar de proteger ese lugar, a tratar de que se conservara así, tal y como lo veía yo... ¡No era mucho pedir!

Los estragos de la propiedad privada

EL PREGÓN

Era el año 2006. Para entonces, y a base de hacer causa común con Salvador, me había convertido en alguien tan "impresentable", como él mismo, ante los ojos de la aldeana población. Por eso me sorprendió la llamada del alcalde solicitándome que fuera el pregonero de la feria y fiestas de la localidad. Tan desprevenido me cogió que no supe negarme y decirle que no. Así que, atrapado en sus redes, no me quedó otra que escribir el pregón:

"Nací hace casi medio siglo en medio de la llanura manchega, esa tierra calcinada por el sol en los veranos, helada en los inviernos, en un enorme poblachón con vocación ferroviaria. Nací, pues, apenas a sesenta kilómetros de Ruidera, y sin embargo tardé media vida en poderla conocer. Porque entonces eran como islas nuestros pueblos y comarcas. Porque nunca tan corta distancia pudo parecernos más lejana. Imposible pensar en aquellos años llegarse hasta aquí. Nos faltaba de todo; transportes, vías de comunicación, dinero... Pero sobre todo lo que nos faltaba era interés. Nuestro mundo se reducía a muy poca cosa. El pueblo era el universo, y fuera de él no había nada más. En el pueblo vivíamos, jugábamos, soñábamos entre calles embarradas y desconchadas paredes de tierra. Y fuera del mismo, salvo la liga del futbol, pocas cosas nos llegaban a importar. Así transcurrió toda una vida de infancia y adolescencia, que solo se borró cuando tuvimos que salir. Porque del pueblo salimos todos. Antes o después; unos a trabajar, otros a cumplir las obligaciones militares, algún que otro, los menos, a estudiar. Y de la vieja pandilla ya no quedaron sino recuerdos; y del viejo poblachón, nostalgias.

Yo fui de los que volví; tuve suerte. Los demás quedaron atrapados en la gran ciudad. Para entonces ya se me había pasado media vida y tenía una familia detrás. Fue entonces cuando descubrí Ruidera. Vine aquí, pues, como uno de tantos turistas a comienzos de los ochenta, con ganas de disfrutar del agua, comer, compartir unos días de asueto con la familia y los amigos, y nada más. Porque a la hora de volver a casa, salvo el cansancio acumulado por el mucho calor, apenas me llevaba otra cosa: Ruidera estaba ahí, y era un sitio espléndido para venirnos a bañar. Poco me importaba ninguna otra cuestión, ningún que otro problema de los que pudieran afectar a este parque natural. Me comportaba como aún sigue comportándose una gran parte de los visitantes en la actualidad: disfrute superficial, y a otra cosa. Y si esto se pone mal, pues con cambiar el norte resuelta la cuestión, que otros sitios habrá para disfrutar.

El giro copernicano llegó a mi pensamiento a comienzos de los noventa. Por aquel tiempo un clamor estallaba en La Mancha: la crisis del agua y la catastrófica pérdida de un emblemático humedal: las Tablas de Daimiel. Por entonces comenzó a ser tema de tertulia el Acuífero 23; las aguas subterráneas y la evidente sobreexplotación.

Me interesó esta problemática. Al fin yo iba a ser sociólogo y éste era un tema más que adecuado para iniciar una investigación. Así que comencé con ella. Pronto se sucedieron viajes a unos y otros sitios. Del Acuífero 23, pase al 24; y de las Tablas de Daimiel a Ruidera. Y muy pronto una idea quedó fija en mi mente: que entre Daimiel y Ruidera quedaba el abismo que media entre la agonía y la resurrección: enfermo terminal, casi desahuciado era lo uno; esperanza y vida estas lagunas. Así que algo cambió dentro de mí. De pronto Ruidera llenó mi corazón. Porque aquí habitaba la esperanza, la ilusión, lo único que probablemente aún se podía conservar.

Cuántas horas de estudio y lectura; cuántos viajes, cuántos paseos para aprender, para conocer bien esta tierra que nos rodea. Años en solitario sintiéndome un extraño enloquecido ¡Lo veía tan claro! ¿Por qué no lo veían los que tenía a mi alrededor! Me desesperaba la situación. Por entonces la sequía también causaba estragos en estos lares; y sin embargo la dinámica caminaba en pos de un desarrollo economicista igual al acontecido sobre el Acuífero 23 ¿Se iba a cometer el mismo error?

¿Qué podía hacer? Comencé a escribir. Publicaba en periódicos, interpelaba a autoridades, asistía allá donde me quisieran oír. De pronto me vi calificado de ecologista, yo, que nunca había tenido el más mínimo interés en la cuestión. Así que por qué no, si eso podía favorecer la lucha que vivía. De modo que fundé una asociación: mi propia familia, mis hijos y algún que otro amigo que tuvo conmiseración. Luego pasaron los años y la dinámica me arrastró. Conocí otras muchas gentes que también mantenían esa preocupación: científicos, políticos, vecinos de Ruidera o de pueblos de alrededor. La verdad era que no estaba tan solo, que había otras muchas personas que pensaban como yo. Y así hemos llegado hasta hoy, con la enorme alegría de comprobar cómo han ido cambiando ideas y posicionamientos. Que yo esté aquí esta noche es buena prueba de ello. Y aunque consciente de que todavía no están superados los problemas que acosan a este parque natural, también lo soy de que estamos en el camino, de que ya se percibe con claridad que el valor de los valores de Ruidera es su formidable y espléndido patrimonio natural. Y que cuidarlo, mantenerlo y conservarlo es la mejor de las inversiones para esta población".

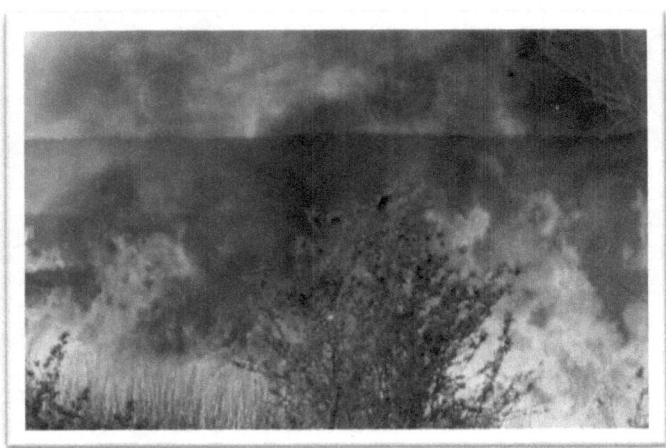

Haz y envés de las lagunas de Ruidera

Había pregonado la feria y fiestas del lugar, sí. Ante un auditorio fantasma en el que, salvo unos niños que jugaban a la pelota, y unos ancianos que no se enteraban de nada, nadie más acudió. ¡Nadie! Ni un solo representante de la corporación municipal, ni un solo vecino, ni siquiera mi amigo Salvador… ¿Para qué me habían llevado allí? —me preguntaba entonces—. Y aún me lo pregunto hoy, porque no le encuentro explicación.

Grabados paleocristianos en los travertinos de Ruidera

OJOS DEL GUADIANA VIVOS

Transcurrieron los años, y con ellos el entusiasmo y las expectativas que nos creáramos con AEDA 23 fueron decayendo, hasta que al final, sus componentes, unos y otros, fueron abandonando el empeño obligados como estaban a seguir la búsqueda de su futuro profesional. Y de nuevo volví a sentirme como un lobo solitario.

Todavía, en los dominios del Acuífero 23, me quedaba don Julio Maroto; muy envejecido a estas alturas, pero que a pesar de todo seguía escribiendo en los medios de comunicación: "Como clamar en el desierto" —se quejaba el viejo maestro.

Fue en este contexto, y quizá como fruto de la desesperación del desarraigo, que tomé la iniciativa de solicitar algún tipo de colaboración institucional. Así que, aun pensándomelo muy mucho y con toda suerte de dudas, me animé a visitar la sede de Aguas de Alcázar, la empresa de aguas municipal, con el objeto de sondear si estarían interesados en realizar algún tipo de campaña institucional en colaboración con la asociación. Al fin, del Acuífero 23 se suministraban, y entre sus funciones se contaban las de educar a la población en el buen uso y consumo del agua.

Me recibió su director, Enrique Calleja, y para mi sorpresa total me ofreció todo tipo de colaboración para aquellas actividades de información y sensibilización que quisiéramos realizar. Y para ratificar la cuestión, apenas un par de meses después, ya fuimos capaces de convocar una Jornada de información sobre el Acuífero 23 y el estado de la cuestión. Una Jornada que nos permitió contar con ponentes de reconocido prestigio en el mundo académico, además de con destacados líderes agrarios y el propio Enrique Calleja actuando en su papel de director del ciclo hidráulico de la población.

El éxito fue inmediato. Prácticamente se hicieron eco del evento todos los medios de comunicación de la comarca. Ello nos animó a seguir. Utilizamos todos los medios que nos facilitaba la imaginación: jornadas, publicaciones, conferencias, seminarios... La colaboración de AEDA 23, con Aguas de Alcázar, fue total, consolidando una línea de información y sensibilización en la empresa municipal que subsistió por un espacio de casi dos décadas, hasta la privatización de la mercantil.

De todo aquel trabajo, yo personalmente logré, no solo una gran experiencia, sino la constatación evidente de que la solución a los problemas, no solo del Acuífero 23, sino del 24, también, pasaba por una intensa colaboración de todos los implicados, incorporando al debate al sector científico y académico, quienes habrían de ser los que en realidad alcanzaran la solución.

Con el paso del tiempo logré canalizar muy importantes colaboraciones, tanto en el sector científico, fundamentalmente el CSIC, a través del doctor Santos Cirujano, uno de los mayores expertos en humedales, y la Administración, a través de la Confederación Hidrográfica del Guadiana y su Comisaría de Aguas. Con ello, un nuevo horizonte se abrió ante mis ojos: el de la investigación y el conocimiento científico. También un nuevo talante me embargó: el problema general del Alto Guadiana solo podría tratarse desde un enfoque global y multidisciplinar que diera cabida a todos. Allí no podía excluirse a nadie, porque de lo que se trataba era de alcanzar un gran pacto social que debería ser capaz de integrar a todos en unas medidas de cambio tan revolucionarias que solo se podrían implementar desde un gran consenso social.

Fue así como nació la asociación "Ojos del Guadiana Vivos". Un acuerdo entre ecologistas, ambientalistas, naturalistas, e investigadores vinculados a las universidades de Castilla La Mancha y Madrid, y al propio Ministerio a través del Consejo Superior de Investigaciones Científicas. Un ente, en suma, que nacía con la vocación de estudiar y proponer todo tipo de medidas dirigidas a lograr el equilibrio en la gestión de los recursos hídricos; un equilibrio que permitiera que en el futuro se pudiera implementar un completo plan de sostenibilidad para todo el territorio de la cuenca alta del Guadiana.

Llegado a este punto, tengo que decir que "Ojos del Guadiana Vivos" nació, no obstante, con una carencia importante: la de no haber sido capaz de incluir en ella al sector agrario; y esto sería un lastre que al final mermaría mucho las aportaciones y logros que desde ella se pudieran hacer. Pese a todo, los éxitos de la asociación fueron relevantes. Sus actividades trascendieron a la sociedad manchega, logrando llevar el debate al plano nacional. Las colaboraciones de la asociación, "Ojos del Guadiana Vivos", con la propia Administración, autonómica y central, fueron trazando el camino para alcanzar lo que después se conocería como el Plan Especial del Alto Guadiana (PEAG); un plan consensuado entre las administraciones, los sectores agrarios y el ámbito social representado fundamentalmente por ONG medioambientalistas, tanto de ámbito internacional como nacional y regional.

PLAN ESPECIAL DEL ALTO GUADIANA

Hubo un tiempo en que pensé que al fin habíamos logrado algo. Que años y años de lucha habían servido al fin, que se había impuesto la cordura y la razón. Para llegar a ello había sido necesario ceder por todas partes, pero sobre todo había sido necesario que una ministra de Medio Ambiente —Cristina Narbona—, bien asesorada, hiciera suya la cuestión de la recuperación de los espacios naturales manchegos y la ordenación del modelo agrario de la Comunidad para sacarlo del caos y adaptarlo a la sostenibilidad. Un pacto entre la Administración, los sectores económicos más afectados, y las fuerzas sociales representativas de la sociedad. Se denominó Plan Especial del Alto Guadiana (PEAG), y en su esencia diseñaba una reconversión para la agricultura manchega similar a las grandes reconversiones ocurridas en otros sectores estratégicos —minería, siderurgia, astilleros— realizados en este país. Más de veinte mil millones de euros a invertir en un plazo de veinte años, que situarían al espacio manchego en los puestos de vanguardia de las políticas medioambientales del país.

Y llegué a creer en él; llegué a creer que aquello iba a ser verdad. Tanto, que hasta me vinculé para colaborar con la Administración en el desarrollo efectivo del Plan.

Pasaron tres años del PEAG, y nada cambió, ciertamente. Bueno, algo sí que había cambiado para mí, porque don Julio Maroto pasó a mejor vida, dejándome un espacio lleno de soledad, mientras mi amigo Salvador, mantenía los suficientes recelos como para comenzar a dudar de mis convicciones e intenciones. De modo que de nuevo me encontraba solo; sin el apoyo de mis mentores y alejado de "Ojos del Guadiana Vivos" por mis muy diferentes convicciones sobre el estado de la cuestión. Por otro lado, y como siempre sostuvo Salvador, la incapacidad para incidir en la situación parecía manifiesta: era como chocar una y otra vez contra el inamovible "muro de las lamentaciones" de la desconfianza y la oposición.

Pero aquel invierno de 2011, cuando después de unos años de catastrófica sequía, un ciclo húmedo que había comenzado en el otoño anterior, pareció hacer renacer el alto Guadiana, Ojos y Tablas de Daimiel incluidos, y toda la maquinaria administrativa y corporativista se puso a funcionar para volver a convencernos de que la cosa estaba bien, de que en La Mancha todo se reducía a un ciclo natural de épocas secas y húmedas, y que la apocalíptica visión que habíamos vendido algunos "ecologistas" solo existía en nuestra imaginación, recuerdo que sentí una honda indignación ante aquella especie de linchamiento institucional y frente a tanta hipocresía. Tanto que de nuevo tomé los bártulos y me puse a escribir. Surgió así un nuevo texto que titulé:

En un lugar de La Mancha, donde los ríos corren al revés.

En estos días, aún corren los ríos por la llanura manchega. Unos en su sentido adecuado. Otros, como el Záncara lo hacen al revés; volviendo hacia atrás las aguas que reciben. ¡Todo un espectáculo este de los caprichosos ríos manchegos que tan pronto aparecen como desaparecen, antes porque se los tragaba la tierra, ahora porque no los dejamos nacer! Pero en todo caso, digo, espectáculo más que digno de ver.

Y como lo es, allá vamos los manchegos a contemplar atónitos el efímero fenómeno, a asombrarnos de lo que otrora fuera normal: que por los cauces de los ríos fluya su caudal. Y no paramos de enviar por Internet las fotos que nos encandilan: anacrónicos puentes con agua bajo sus pies, vegas inundadas que a lo mejor por eso antes se denominaban "vegas de inundación"

¡Joder, si es que se nos había olvidado hasta lo más elemental; que los nombres de las cosas siempre tenían un por qué!

Pero mientras tanto, respiran aliviados políticos y oportunistas ¡Atrás quedaron ya los famosos incendios veraniegos de las Tablas de Daimiel! Hora es, por tanto, de posar para la foto, de erigirse en salvadores del amenazado Parque Nacional, pese a que apenas a un par de kilómetros el agua que llega se "cuele" por los Ojos haciendo lo mismo que los ríos, que estos

Como si fueran postreras lágrimas, los Ojos del Guadiana, de forma puntual, volvieron a nacer

funcionen al revés. Es decir, que donde antes manaban, ahora percolen.

Y no es que piense estar descubriendo nada nuevo, que esto lo sabe hasta el último mortal. Lo que me deja atónito, estupefacto y perplejo, es que, en la Mancha, el agua fluyente mueva a centenares, quizá a miles de personas, al sólo objeto de su contemplación, y su falta permanente no sea capaz de movilizar ni a un solo colectivo social. ¡Desde luego, tenemos lo que nos merecemos! Porque si aquí tuviéramos un poco, tan sólo un poco de orgullo y pundonor, algunos políticos y responsables administrativos, en Madrid y Badajoz, no se pasearían por estos lares con semejante grado de altivez.

Porque en esta tierra hace años que firmamos un pacto: queríamos pergeñar nuestro futuro con garantías de continuidad situando el desarrollo en manos de la sostenibilidad. Y para ello apartamos disidencias y desencuentros, superamos fobias, creímos que era posible de buena fe; y en las manos de la Administración pusimos aquello que había que hacer. Se llamó **Plan Especial del Alto Guadiana**, algo que permitiría en un lapso prudencial, que nuestra agricultura fuera viable, económica y ecológicamente, que nuestro poblamiento permaneciera, y que ríos, lagunas y ojos, existieran cada año en su forma natural y no funcionando al revés.

Pero como pedirle peras al olmo es esta disquisición. Al fin, el problema hace más de cinco lustros que sirve para adornar papel, pese a que muy finas plumas y prestigiosos medios hayan querido hacerse eco de él. Inútil el esfuerzo, porque en este terreno patrio siempre hemos llevado a gala aquello de no leer. Y como "ojos que no ven, corazón que no siente" y aquí dejamos de ver correr los ríos hace décadas, de ver cómo las Tablas se desecaban con el auxilio del Estado y la Ley, para gozo y rapiña de ciertos aprovechados, de ver como miles de hectáreas de tablazos y lagunas se convertían en muladares y escombreras, y aquello nos resultó indiferente e incluso nos llegamos a creer que eso era el inevitable precio a pagar para que todos pudiéramos vivir bien, pues nada, dejamos de sentir. Y las consecuencias están ahí: un modelo agrario insostenible necesitado de una urgentísima reestructuración, y un Medio Natural masacrado que ahora funciona a golpes de grifo y tuberías de hormigón para mantener un sistema ecológico que funciona al revés.

En La Mancha, por tanto, hay que hacer lo que ya se hizo en otras zonas del suelo patrio español: reconvertir un sector económico de importancia vital. Y al igual que con la solidaridad de todo el pueblo español se afrontó la reconversión de la minería del carbón, de la siderurgia, de los astilleros, invirtiendo vía presupuestos lo que fue necesario invertir, del mismo modo hay que contribuir para reconvertir el sector agrario en la Mancha, un sector estratégico en la región; garante, empero, de sus raíces, cultura y continuidad.

Porque la Naturaleza y el agro han caminado juntos en la Mancha durante la mayor parte de su trayectoria histórica. Y cuando esto se rompió, a mediados del siglo XX, algo en nuestra esencia se murió. Hora es que volvamos a nuestra cultura ancestral, de que nuestra agricultura y Medio Ambiente vuelvan a ser pujantes sectores de progreso, desarrollo y modernidad. Y para eso hay que hacer lo que hay que hacer: **¡Poner en marcha nuestro consensuado Plan Especial!** Así que vamos a ello de una puñetera vez. Sin más historias ni literaturas.

Siguieron otras colaboraciones; multipliqué mis esfuerzos de comunicación volviendo a publicar artículos incendiarios con la esperanza de suscitar alguna reacción que impidiera la muerte del Plan.

Pero a pesar de los pesares, y de mis mejores deseos, resultó que no; que no iba a ser posible realizar esa transformación. La ministra Narbona, en la segunda legislatura del presidente Zapatero, fue cesada; y el ministerio de Medio Ambiente subsumido de nuevo como un apéndice del de Agricultura. Con ello todo el equipo del PEAG prácticamente se desmanteló, acabando con cualquier posibilidad de viabilidad del Plan. El cambio político en la autonomía castellano-manchega, con el gobierno Cospedal, supuso el óbito y el entierro oficial del Plan Especial del Alto Guadiana. Con ello se dio fin a la mejor oportunidad de desarrollo y sostenibilidad que haya tenido jamás esta tierra. Y así fue como regresamos al inicio de la situación.

Travertinos de Ruidera

A MODO DE EPÍLOGO

El Plan especial del Alto Guadiana no cambió las cosas, pero influyó extraordinariamente en mi vida. Fue como una poderosa visión materializada; una herramienta en nuestras manos para hacer aquello que creíamos que teníamos que hacer. Al menos así lo veía yo. Su muerte política y su defenestración social supuso en mi pensamiento un punto de inflexión: la convicción de que había perdido aquella "guerra" que iniciara dos décadas atrás.

Por el camino habían quedado muchas cosas; era como si aquella mochila que un día llenara de ilusiones, convicciones, esperanzas y esfuerzos, aquella que cargara sobre mis espaldas, hubiera resultado demasiado pesada, obligándome a ir vaciándola a lo largo del camino. Y así en un tramo quedaron las ilusiones, en otro las esperanzas, hasta que al final, cuando miré en su interior, resultó que ya no quedaba nada.

Como un ser vacío me encontré. Pensé entonces que ya no valía la pena nada; que los pueblos y sus gentes recibían siempre lo que merecían, que era un error intentar cambiar las cosas. Al fin, aquello que tanto me preocupó, el medio ambiente del Alto Guadiana, a nadie le importaba nada ¿Por qué debía preocuparme a mí?

Debió de pasar el tiempo, varios años de alejamiento del modo de vida que durante décadas condicionó mi hacer. Me alejé de todo aquello que pudiera relacionarse con el medio ambiente en La Mancha; dediqué toda mi atención al hacer literario, aquella otra pasión que desde muy temprana hora forjé, y así pude tener la sensación de que, a pesar de los pesares, aún tenía causas por las que vivir. Pero al final resultó no ser suficiente. Porque el vacío que dejara el fracaso del PEAG aún permanecía en mí.

Perdido anduve, pues, hasta que poco a poco, a fuerza de reflexionar, retorné a los orígenes. Y si bien ya no pude encontrar a don Julio Maroto, si volví a encontrarme con Salvador. De su propia boca tuve que escuchar las muchas dudas que le había suscitado mi actuación. Tantas que dudé: ¿Me había equivocado?... Aún hoy no lo sé.

Y aquí estamos de nuevo; como dos supervivientes de aquel naufragio de lo que pudo ser y no fue; "bregando", como diría Salvador, en ese viejo tema que ya parece haber perdido todo su interés. Y es que, en el fondo, con el tiempo envejecimos, y pudiera ser que tanto Salvador como yo mismo, seguimos aferrándonos a los restos de ese naufragio como si fueran nuestra única tabla de salvación.

En un lugar de La Mancha, en el invierno de 2018.

El autor en Ruidera tomando notas para ésta publicación

ÍNDICE

Si te gustó, no olvides dejar una reseña en Amazon, ello ayuda a los autores noveles en su tarea y labor. Además, puede que tal vez quieras leer otras obras del autor disponibles en Amazon…

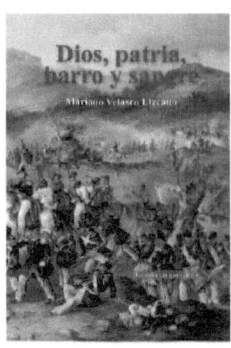